図解でよくわかる

頭がいい人の敬語の使い方

本郷陽二

日本文芸社

頭がいい人の敬語の使い方

本郷陽二

日本文芸社

はじめに

私たちが使っている「日本語」は、どんな言語なのでしょうか。

日本語が母語である私たちは、ふだんは無意識に日本語を使っているので、そういったことを深く考える機会は少ないかもしれません。

「日本語は難しい言語だ」と聞いたことがある人もいるでしょう。実は、日本語は外国人だけでなく、日本人にとっても正しく使うことが難しい言語です。

日本語には、他の言語にはない特徴がいくつかありますが、その1つが「敬語」です。

敬語は、その字のごとく「相手を敬う気持ち」を表現した言葉です。

敬語には、いくつかの種類やTPOに応じた使い分けがあるため、「難しい」「やっかいだ」「面倒くさい」という印象をもたれがちです。グローバル化が進む昨今では、敬語の必要性に異議を唱える議論さえあります。

しかし、人と人とが結びつき、理解し合い、お互いの人生を充実したものにするためには、会話、つまり言葉という仲立ちが必要です。人間関係を築き、仕事や日々の生活を円滑に進めていくためには、やはり、目上の人や先輩への気配りが欠かせませんし、そこでは適切な敬語が重要になるのです。

また、伝えたい事柄を丁寧に表現するだけでなく、相手に対して自分の印象をよくするのも敬語の重要な役割です。敬語が上手に使えれば、評価も上がるでしょう。

敬語を身につけるには、「習うより慣れよ」といいます。この本では、よくあるシーン別に敬語での会話を紹介します。相手や状況に合わせた敬語の使い方を理解したら、次はぜひ、その知識を活かして実際に会話をしてみてください。敬語はトレーニングをしてこそ身につくものです。

この本では、文法上の面倒な解釈をできるだけ少なくしています。また、正しい言い方ではないけれども、すでに広く使われているという表現も取り入れています。適切で好感を与える敬語を身につけることができれば、周囲からの評価の変化や自分自身の変化を感じられるはずです。

本書がその一助になればこれ以上嬉しいことはありません。

頭がいい人の敬語の使い方

CONTENTS

電話を受ける・取り次ぎの対応

第4章　日常会話での上手な敬語の使い方

人とのつき合い

来客・訪問時の対応

冠婚葬祭での振る舞い

COLUMN

言葉づかいを磨いて〝デキる〟大人になろう

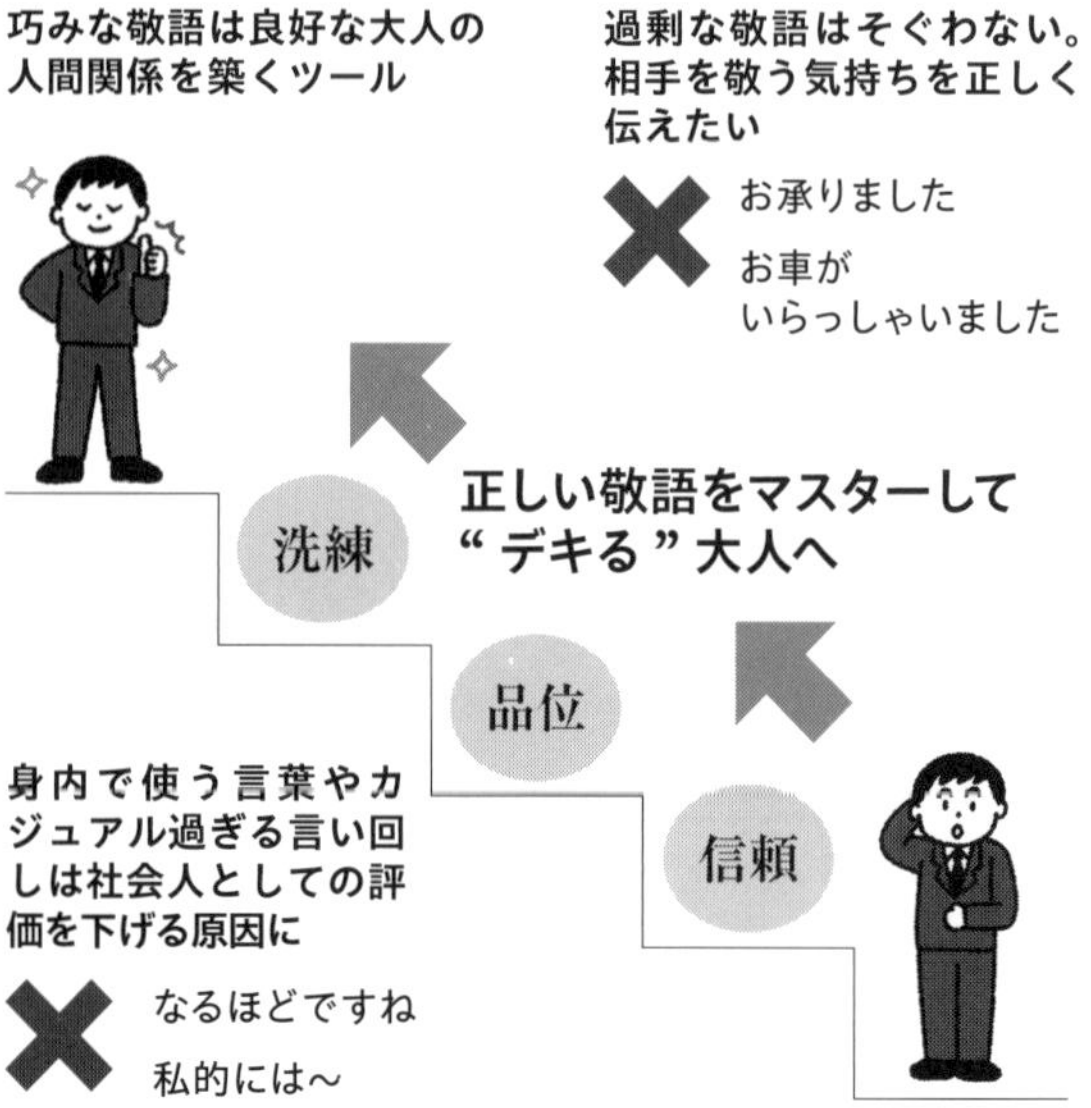
過剰な敬語はそぐわない。相手を敬う気持ちを正しく伝えたい
お承りました
お車がいらっしゃいました
巧みな敬語は良好な大人の人間関係を築くツール
正しい敬語をマスターして“デキる”大人へ
洗練
品位
信頼
身内で使う言葉やカジュアル過ぎる言い回しは社会人としての評価を下げる原因に
なるほどですね
私的には～

敬語は最強のコミュニケーションツール

「あの人は感じがいい」「デキる人だ」と言われる人がいます。観察すると、そのポイントの1つが話し方にあるようで、そういった人は「敬語」の使い方が上手なのです。

たしかに、敬語を上手に使うと、相手への気配りを感じさせ、また自分の立場をわきまえた話し方ができます。逆に、

●敬語の分類

尊敬語	「いらっしゃる」「おっしゃる」型	相手側または第三者の行為・ものごと・状態などについて、その人物を立てて述べるもの。
謙譲語Ⅰ	「伺う」「申し上げる」型	自分側から相手側または第三者に向かう行為・ものごとなどについて、その向かう先の人物を立てて述べるもの。
謙譲語Ⅱ（丁重語）	「参る」「申す」型	自分側の行為・ものごとなどを、話や文章の相手に対して丁重に述べるもの。
丁寧語	「です」「ます」型	話や文章の相手に対して丁寧に述べるもの。
美化語	「お料理」「お酒」型	ものごとを美化して述べるもの。

上手に使えないと、かなり失礼な言い方になったり、偉《えら》そうな話し方になってしまいます。

つまり、私たちの生活では、敬語が正しく使えるかどうかで、その人の人格ばかりか、能力まで評価されてしまうこともあるのです。

敬語が苦手という人は、丁寧な言い回しをしようとして過剰な敬語になっていたり、パターン化された言い回しばかりを多用してしまっていることがあります。

まずは、敬語の分類と14ページからの「5つの敬語の使い方」をいま一度確認しましょう。

5つに分けられる基本的な敬語

5つの敬語と使い方

2007年の「敬語の指針」（文化庁文化審議会）によれば、敬語は5分類になります。

●尊敬語

敬意を表したい相手やその人の動作・状態、話題に登場する人物を高めるときに使います。

対象となるのは、主に上司や社長、社外の人、年長者など、肩書や年齢に自分

	尊敬語
言う	おっしゃる
する	なさる
行く	いらっしゃる、おいでになる
食べる	召し上がる
聞く	お聞きになる
見る	ご覧になる
見せる	お見せになる
もらう	おもらいになる

	謙譲語Ⅰ	謙譲語Ⅱ（丁重語）
言う	申し上げる	申す
する		いたす
行く	伺う	参る
食べる		いただく
聞く	伺う、お聞きする	
見る	拝見する	
見せる	御覧に入れる、お目にかける	
もらう	いただく、頂戴する	

とは差がある人です。

●謙譲語Ⅰ

自分側から相手側または第三者に向かう行為やものごとなどを低めることで、行為のおよぶ先を高める敬語表現。

●謙譲語Ⅱ（丁重語）

自分側の行為やものごとなどを、聞き手や文章の相手に対して丁重に述べるもの。

謙譲語Ⅰとの違いは、謙譲語Ⅰは行為やものごとが向かう先に対する敬語、謙譲語Ⅱは相手に対する敬語であるという点です。

丁寧語
打ち合わせは10時からです
雪が降っています
こちらが企画書でございます

美化語
お土産、お水、お金、ご祝儀、ごあいさつ　など

●丁寧語

尊敬語や謙譲語と違い、誰かを高めたり低めたりするのではなく、話の相手や文章の読み手に対して丁寧に述べる表現です。謙譲語Ⅱも話や文章の相手に対してのものですが、丁寧語は、さまざまな内容を述べるときに使うことができます。また、謙譲語Ⅱに比べるとカジュアルな表現です。

●美化語

ものごとや話し手の表現を美化して述べる際に使う、「お」や「ご」をつけた言葉です。ただし、なんでも「お」や「ご」をつければいいというわけではないので、使い方には注意しましょう（25ページ参照）。

第１章

気づかずに
使っているかも!?
間違い敬語

常識以前の間違いやすい敬語

●間違いやすい３つの敬語

二重敬語	
１つの語について、同じ種類の敬語を二重に使ったもの。	
✖間違い敬語	●正しい敬語
お読みになられる	お読みになる
ご拝読いたしました	拝読いたしました

悪気はなくても、誤った敬語によって信頼関係に影響が出ることも。

敬語は自然に身につくもの？

　みなさんは、自分が正しく敬語を使っていると自信をもてますか？　子どものころから、親戚、学校の先輩や先生などの周囲の年長者や大人に対して、日常的に敬語を使う機会があるため、ある程度は自然に身についているはずだ、と考える人が多いでしょう。

　しかし社会人ともなれば、ある程度では足りません。せっかく丁寧に話しているつもり

ウチソト逆転敬語

社外の人などのよそ様に対して、自社の上司などの身内を高める言い回し。

✖間違い敬語	●正しい敬語
弊社の鈴木部長です／弊社の鈴木さんです	弊社部長の鈴木です／弊社の鈴木です
担当にお伝えします	担当に申し伝えます

うっかり敬語

相手や相手の動作など敬うべきものを下げてしまう言い回し。

✖間違い敬語	●正しい敬語
さすが先輩ですね	非常に勉強になりました
(上司に対して)どういたしますか?	どうなさいますか?

でも実は間違った言葉づかいをしている場合もあります。さらに、ビジネスの世界では、ふだん使わない独特な言い回しもあるため、**これまでの〝なんとなく敬語〟を見直し、社会人として正しい敬語を使うことが大切です。**

正しい敬語は人間関係の潤滑油

間違った言葉づかいはその人の格を下げ、社内の人間や取引先、顧客との信頼関係にも関わってきます。逆に敬語を適切に使うことができれば、大切な取引先や上司に敬意を示すだけでなく、誤解や混乱を防ぐことができ、人間関係を円滑にすることもできるのです。

社内での対応

上司に「ご苦労様でした」は失礼

職場でなんの疑問ももたずに使っている言い方にも、とんでもない間違いが見られます。上司が外出先から帰社した際や、1日の仕事を終えて引きあげるときなど、

bad **「ご苦労様でした」**

なんて言っていませんか？　ねぎらいの気持ちを素直に言葉にしたこの言い方、相手が上司では失礼に当たるのです。些細《ささい》なことにはこだわらない鷹揚《おうよう》な上司なら聞き逃してくれても、言葉づかい、とりわけ敬語には厳しい上司だったりしたら、これだけで逆鱗《げきりん》に触れることだって考えられます。

「ご苦労様」は上司が部下に対して、あるいは目上の者が目下の者に対して、使う言葉です。

上司をねぎらう言い方としては、

good

「お疲れ様でした（でございました）」

を使うべきです。自社を訪れた社外の人が帰るときにも「お疲れ様でございました」を使います。

ただし、上司がプロジェクトの先頭に立ち、ともに困難を乗り切ったといったケースでは、実際に苦労を目《ま》の当たりにしているわけですから、

「部長、今回は本当にご苦労様でした」

という言い方をしても失礼に当たることはありません。上司も率直なねぎらい、いたわりの言葉と受け取るでしょう。

また、「ご苦労様」がふさわしい場面も日常生活の中にはあります。**例えば、宅配便が届いたとき。相手はサービス業者、こちらは顧客という立場ですから、ここでは「お疲れ様」より「ご苦労様」が的を射た言い方になります。**

このように、関係性による使い分けをしっかり頭に入れておけば、迷うこともなく、顰蹙《ひんしゅく》を買うこともありませんね。

「企画を進まさせていただきます」ってヘンです

自分が提出した企画に上司のＯＫが出て、いよいよ具体的にスタートしたとします。

「うまく進めてくれよ」という上司の励ましに、

「はい、早速、進まさせていただきます！」

意欲をみなぎらせたつもりが、上司の表情に怪訝さが……。その胸の内を察すれば、

「敬語もまともに使えないで、先方との交渉は大丈夫かな？」という思いがきざしたということでしょう。

「させていただく」は正しい。しかし、「進む」に「させていただく」をつけるのは具合が悪いのです。どう言うべきでしょう。

good **「進ませていただきます」**

が正解です。両方の違いは「進む」に「させる」をつけるか「せる」をつけるかです。どちらも「他人にある行為をするようにしむける」場合や「ある行為をすることを許す」場合に多く使われるのですが、自分の行為を許すという意味で使うと、相手

間違いやすい「さ入れ言葉」

✖ 間違い敬語	◯ 正しい敬語
行かさせていただきます	行かせていただきます
つくらさせていただきます	つくらせていただきます
休まさせていただきます	休ませていただきます

「～させていただきます」が OK な場合

来《こ》させていただきます／着させていただきます／
進めさせていただきます／検討させていただきます など

に対する敬意を表すことになります。

「進まさせていただく」という表現は、**使役を表す助動詞「せる」に、「さ」を入れた言葉で、「さ入れ言葉」とも呼ばれます。**

もちろん「させていただく」という言い回しがすべて間違いというわけでありません。「着させていただく」や「勉強させていただく」のように、敬語として問題ない使い方もあります。いずれにしろ、「～させていただく」という言い回しには注意が必要でしょう。

また、このケースでも「進む」ではなく「進行」や「進める」を使って、「進行させていただきます」「進めさせていただきます」なら正しい敬語になります。

「おやりいただけますか？」はいただけない

丁寧に話そうとするとき、まず、「お」や「ご」をつけることを考える人は多いと思います。実際、「最近、お仕事はいかがですか？」、「資料をご覧になりますか？」など、「お」や「ご」はとても使いやすいのはたしか。しかし、場面によっては好感度を下げてしまうことにもなりそうです。

社内で上司に何かをお願いするとき、こんな言い方をしたらどうでしょうか。

「先方との折衝は、課長におやりいただけますか？」

丁寧にするための「お」はついているし、「いただけますか？」も敬語として申し分なし。ですから、**間違った敬語というわけではないのですが、聞く側の印象は決してよいものではありません。**その原因はどこにあるのでしょうか。

こたえは、「やる」という言葉です。行動や行為を「する」という意味で日常的に使っている「やる」という語は、「私がやります」「やらせてください」という使い方をするぶんには違和感はありません。

●「お・ご+～になる」の正しい使い方

「お・ご+～になる」は、尊敬語にあたります。「お」あるいは「ご」をつけて敬語にする場合にはルールがあり、「お名前」のように和語には「お」、「ご立派」のように漢語には「ご」が原則です。

原型	「お・ご+～になる」
会う	お会いになる
帰る	お帰りになる
説明する	ご説明になる
利用する	ご利用になる
わかる	おわかりになる

しかし、上司や目上の人に対する敬語として使うと、礼を失するというところまではいかなくても、敬う気持ちが伝わらないという面があります。

「先方との折衝は課長にしていただけますか？」

good

「課長にお願いできますか？」

という言い方のほうが、敬語らしさは断然上です。次のような場面でも「やる」は好感度を下げます。仕事相手との会話です。

「部長、最近ゴルフをおやりになってますか？　今度ぜひご一緒させてください」

どうですか。やはり「おやりになる」が気になりますね。次の表現のほうが上です。

「部長、最近ゴルフをしていらっしゃいますか？　今度ぜひご一緒させてください」

「部長、最近ゴルフをなさっていますか？」

こうして別の言い方と並べてみると、「おやりになる」の好感度の低さがよくわかるのではないでしょうか。

仕事の場面でもプライベートな人間関係の中でも、かなり頻繁に使う言葉だけに、「やる」には注意が必要です。

「コピーはご使用できます」って何？

「点検終わりました。もう、コピーはご使用できます」

定期的なコピー機のメンテナンスが終わったときなど、よく使われる表現です。敬語としてどこにも問題がないように聞こえますが、これも間違えやすい敬語の典型的な例です。

この表現に「が」が入って「ご使用ができます」なら、言い方として間違いではありませんが、敬語のレベルとしてはギリギリ合格といったところ。本来は、

good
「コピーはご使用いただけます」
「コピーはご使用になれます」

とするべきです。「〜できます」という言い方は、自分がへりくだったときに使うもの。

例えば、「明日までに契約書を揃えていただけますか？」と聞かれたときに、「ご用意できます」と答えたり、「サンプルを土曜日までに見せていただけますか？」に「金曜日にはお届けできます」と対応するのが正しい使用法です。

相手の行為に対しては「〜できます」は使えません。コピーを使用するのは相手ですから、「ご使用できます」というのは適切ではないということになります。

bad
「本日は閉店となります。明日の午前10時からご来店できます」

デパートやレストランといった接客業の最前線にいる人たちも、うっかりそんな表現をしていることがあります。もちろん、ここは「ご来店いただけます」「ご来店になれます」ですね。または、相手や相手の行為を敬う表現として、「来店していただけます」もよいでしょう。

「私では役不足で……」の傲慢

日本には、謙譲の美徳を重んじる文化があります。それを端的に表現するために使われるのが敬語です。しかし、使い方を誤るととんでもないことになります。

仕事でプロジェクトのリーダーに抜擢されて、スタッフを前にあいさつをするとき、ここは1つ、謙虚さをアピールしてリーダーとしての度量の大きさを見せようと、こんな言い方をしたら？

bad

「思わぬお役目をいただきました。私では役不足ですが、全力投球で頑張るつもりです。みなさん、ご協力よろしくお願いいたします」

非の打ちどころのないあいさつだと言いたいところですが、残念ながらこれは大失態。「役不足」の使い方を完全に間違えています。**「役不足」は与えられた仕事やポジションが、能力には見合っていない、能力に対して軽すぎるという意味で使う言葉です。**上司が部下に対して、

「今度のプランは君が中心になって進めてくれ。規模的には小さくて、君には役不

足だろうが、よろしく頼む」

というように使うのなら、まったく問題はありません。

ところが、大役をもらって「役不足」を使えば、意味はこういうことになります。

「私の実力からしたら、たかがプロジェクトのリーダーなどはふさわしい仕事とは到底思えない。もっと重要なポジションについてしかるべきなのに」

大役を与えた上司は怒り心頭。あいさつを聞かされたスタッフは、傲慢《ごうまん》さに唖然とするのは必至です。もちろん、言いたかったのは「私の実力以上の大役をいただいて……」ということ。このケースで使うべきだったのは「力不足」です。

good

「私では力不足ですが、全力投球で頑張ります」

これでこそ、リーダーとしての謙虚さが伝わろうというものです。

「役不足」と「力不足」。たった一字違うだけですが、その意味は大違い。社内ならまだしも、対外的な仕事の場で使い方を誤ったら、「リーダー」といってもあの程度なのか」と自社の評価を下げることになる恐れだってあります。使用法を誤らないように、くれぐれも注意してください。

「報告書を拝見してくださいましたか？」の勘違い

ビジネスシーンには上司の指示を仰ぐことがよくあります。しかし、何人もの部下を抱えている上司からはすぐに指示がもらえないこともあるでしょう。そんなときは、催促も必要になります。

報告書を提出して次の指示を待っているのに、上司からは返答がない。

すでに見てもらっているのか、まだなのか、確かめようとする場合、どんな言い方をしますか？

「部長、報告書を拝見してくださいましたか？」

これではダメ。上司に向かって「拝見する」は禁止用語です。**「見る」の謙譲語である「拝見する」は、相手に対して自分がへりくだっていることを示す場合に使う言葉です。**上司に「拝見させる」など失礼もいいところ。

good

「報告書をご覧いただけましたか？（ご覧いただけましたでしょうか？）」

がこの状況にふさわしい言い方です。

敬語は TPO による使い分けも大切。
相手との関係性を正しく踏まえ、そ
れにあわせた言い方をしよう。

私のメモはご覧
いただけましたか？

取引先や社内の上司
（二階級以上の差）

先輩、メモを見て
いただけましたか？

若手社員

先輩社員

good
😊

「見る」の丁寧な言い方には、「ご覧になる」
の他に「お目通しになる」もありますから、

「報告書をお目通しいただけましたか？
（お目通しいただけましたでしょうか？）」

という言い方も万全な敬語です。

間違えやすいのはこんな表現です。

「報告書をご覧になられていただけました
か？」

「ご覧になる」の「なる」を「なられる」と
丁寧にしたわけですが、「ご覧になる」がす
でに丁寧な言い方ですから、これは二重敬語
になってしまいます。

「ご覧になっていただけましたか？」であれ
ばOKです。

来客・訪問時の対応

「○○様が見えられました」って敬語?

会社には毎日、大勢の来客があります。それでは、受付から得意先の課長が来社したという連絡を受けて、上司に伝える際、どう取り次ぎますか?

bad
「課長、△△商事の○○様が見えられました」

「来る」の尊敬語である「見える」を使って、十分に相手に敬意を表しているようですが、どこかまだるっこしさを感じさせます。

「見える」という敬語にさらに「られる」という敬語が重なった二重敬語になってしまっているからです。このような過剰な敬語は耳ざわりですし、敬意も相手に伝わりません。この場合は、

good
「課長、△△商事の○○様がお見えになりました」

「○○様がいらっしゃいました」

というのが正しい言い方。すっきりしていて、敬意もきちんと伝わります。

これも、

bad

「○○様がお見えになられました」

「○○様がいらっしゃられました」

のように二重敬語になることがありますから、注意が必要です。

もう一段上級の取り次ぎ方を目指すなら、先を読むことでしょう。

得意先が来社したことを告げられた上司が次に何をするかを推察するのです。

上司は当然、得意先を応接室なり会議室なりに通すように指示するはずです。その指示を促すような取り次ぎ方ができれば、上司も「なかなか行き届いているな」と、できる人としてお墨つきを与えようというものです。

「○○様がお見えになりました。いかがいたしましょうか？」

これで完璧。タイムラグなしに上司は「2階の第3応接室にお通ししてくれ」などの指示を出せます。上司が忙しそうな様子のときは、もうひとことつけ加えましょう。

「すぐにおいでになれますか?」

上司がすぐに応接室に迎えるのか、来客を少し待たせることになるのかの確認です。

その結果を「△△(上司の名前)はすぐに参ります」、「恐れ入りますが、5分ほどお待ちいただけますでしょうか」というように来客に伝えます。ここまで配慮できれば、文句のつけようがありません。

「お約束はしていらっしゃいますか?」に相手はムッ!

会社を訪れる来客に対して、受付などでアポイントの有無を確認することがあるでしょう。ふだん、どのように尋ねていますか。

bad **「お約束はしていらっしゃいますか?」**

どこといって非がない表現のようですが、実はこれは問題ありです。

なぜなら、**この言い方では相手が約束をしたかどうかを質《ただ》すことになるからです。**

相手の行為を云々するのは礼を尽くして来客を迎える姿勢とはいえません。では、この言い方はどうでしょうか。

「お約束はございますか?」

これは相手の行為（約束をしたかどうか）を問題にするのではなく、約束が「あるかどうか」を聞いています。つまり、相手を質すことにはならないのです。ほんのわずかなニュアンスの違いですが、聞く人が聞けば、前者は失礼に響き、後者は、わきまえた言い方に聞こえるものです。

ただし、「ございますか?」に抵抗を感じる人もいるかもしれません。

「ございます」は「ある」の丁寧語ですから、相手に敬意を表している言い方とはいえません。そこで、突き放した言い方に聞こえたり、悪くすると高飛車な印象を与えたりすることがないとはいえないのです。さらに慎重を期すなら、こんな言い方があります。

good

「お約束はいただいておりましたでしょうか?」

このフレーズの前に「恐れ入りますが」や「大変失礼ですが」をつけると丁寧さはさらにアップします。

また、相手がアポイントを取っていないケースでも、「お取り次ぎいたしかねます」

は禁句。

「申し訳ございません。ただいま確認いたします。少々お待ちいただけますでしょうか」

と相手が面会を求めている当人に必ず確認して、その判断を仰ぐのが立場を心得た対応といえるでしょう。

「お名前様」って言い過ぎじゃない？

会社の受付やイベントの受付時などには、訪問客に記帳をお願いする機会がありまず。その際、聞くのがこんなフレーズ。

「こちらにお名前様をお書きください」

名前に「お」をつけ、さらに「様」まで加えた最上級の敬語のようですが、どこか抵抗感がありませんか？

「様」は相手を敬うときに使う敬称の代表格ですが、使えるのは人の名前や役職名の場合です。**「お名前」は人名でも役職名でもない一般名詞ですから、これに「様」は**

つけられません。

聞き慣れてしまって「お名前様」の不自然さを感じないという人がいるかもしれませんが、この言い方は名刺を「お名刺様」、予定を「ご予定様」と言うのと同じレベルのおかしさなのです。

「お名刺様をいただけますか？」「ご予定様をお聞かせいただけますか？」とは絶対に言いませんね。正しくはこうです。

good
「お名前をお書きください（お書きいただけますか？）」

「お待ちしてください」の非礼

仕事の相手と打ち合わせ中に緊急の電話が入ったりすると、やむをえず中座しなければならないこともあります。当然、相手にひとことあってしかるべきです。しかし、

bad
「ちょっとここでお待ちしてください」

では失格です。**「お待ちする」は自分の行為をへりくだった言い方。相手に使ったら失礼になります。**「して」がない「お待ちください」なら敬語として正しいのに、

●「くださいますか」と「いただけますか」

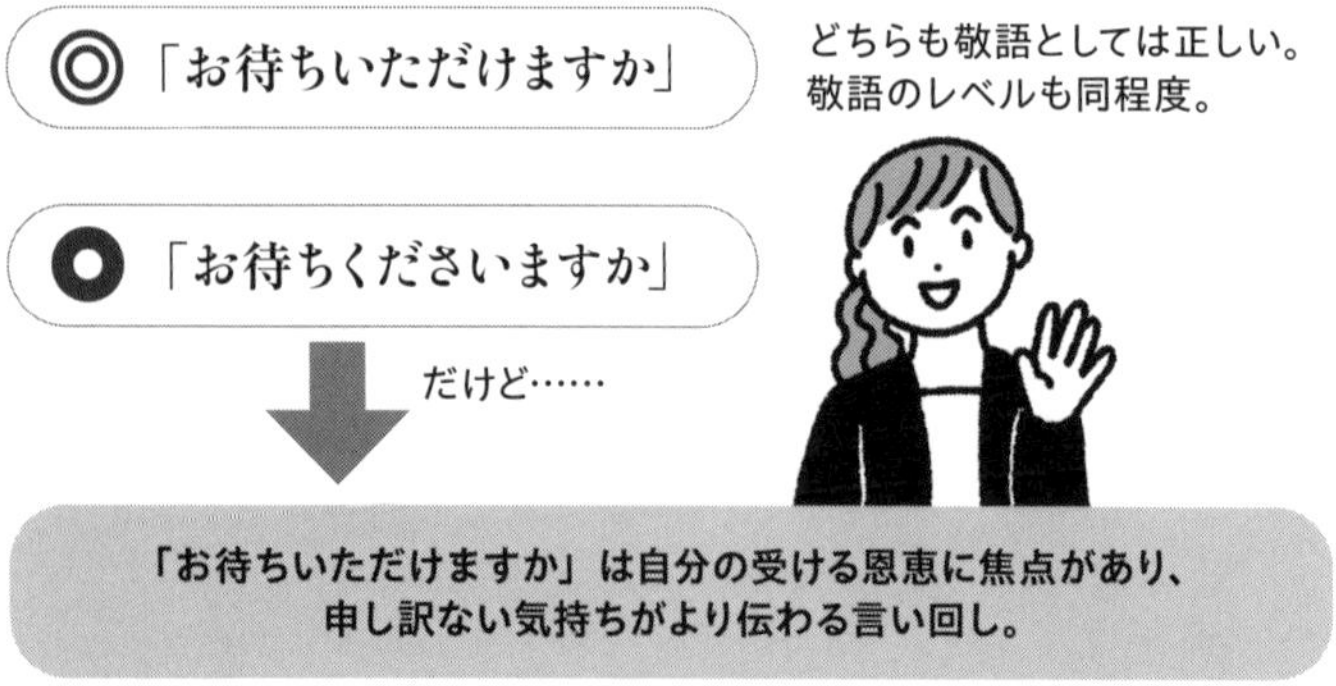

◎「お待ちいただけますか」
○「お待ちくださいますか」
だけど……
どちらも敬語としては正しい。
敬語のレベルも同程度。
「お待ちいただけますか」は自分の受ける恩恵に焦点があり、
申し訳ない気持ちがより伝わる言い回し。

余計なものをつけたばかりに間違ってしまった典型といえます。**「ちょっと」という表現もビジネスシーンでは気になる言葉。使わないほうがいいでしょう。**

ここでは、

「恐れ入りますが、少々、お待ちいただけますか？」

good

「申し訳ありません。少々、席を外させていただきます」

が最適です。「お待ちいただけますか？」のあとに「すぐに戻ります」や、「席を外させていただきます」の前に「5分ほど」をつけて、待たせる時間を相手に告げておくと、こまやかな心配りが伝わります。

「伺ってございます」って感じがいい?

紹介者が間にいて、人を訪ねることがあります。約束の時間に先方を訪ね来意を告げるとします。

「Aさんにご紹介いただいた○○ですが……」

先方の応対はこんなものでした。

「伺《うかが》ってございます。お待ちしておりました」

さて、どんな印象を受けるでしょう。さすがに洗練された丁寧な言葉づかいだと感心しますか? それとも、どこか不自然さを感じるでしょうか。その印象を分ける原因は「伺ってございます」にありそうです。

もちろん、意味は「(Aさんから)聞いています」ということですが、「聞いている」の丁寧語は「伺っている」ですから、「伺っております」で十分な気もします。一方、「いる」を「ございます」としていると考えれば、極上の丁寧な言い方にも見えます。

こうした表現は、かなり格式ばった場では結構使われています。格式高いレストランで、「予約をしている○○ですが……」に「承ってございます。○○様、お席にご案内させていただきます」と応対された人は少なくないかもしれません。

また、高級ブランドショップなどでも「もうワンサイズ大きいものはありますか？」と尋ねると「揃ってございます」なんてこたえが返ってくる場合も珍しくありません。

その表現を心地よく感じるなら、なにも目くじらを立てる必要はありません。心地よさは敬語にとって大切な要素だからです。ただし、少し理屈をいえば、**「ございます」は「ある」の丁寧な言い方で「いる」のそれではありません。**

「揃えてある」を「揃えてございます」と言いかえるのは自然ですが、「揃っている」を「揃ってございます」と言いかえるのは、ちょっと不自然さを感じさせるのではないでしょうか。

「伺ってございます」「承ってございます」も、

good
「伺っております」「承っております」

というほうが敬語としては自然な感じがしませんか？

接客時に使う正しい敬語を、いま一度確認しておきましょう。

接客時に間違えやすい敬語

✕ 間違い敬語	○ 正しい敬語
お名前を頂戴できますでしょうか	お名前を お聞かせいただけますでしょうか
○名様でよろしかったでしょうか	○名様でよろしいでしょうか
こちらコーヒーになります	コーヒーをお持ちしました
こちらのほうでよろしかったでしょうか	こちらでよろしいでしょうか
○円からお預かりします	○円をお預かりいたします
なるほどですね	おっしゃる通りです
店内でお召し上がりですか	店内で召し上がりますか
こちらのレジへどうぞ	こちらのレジで承ります
（在庫を聞かれた際） そこになかったらないですね その棚にあるだけですね	申し訳ございません。 ただいま在庫を切らしておりまして、 次の入荷は○曜日の予定です

丁寧に話しているつもりでもおかしな敬語に気をつけたい。

「わかられますか？」じゃわからない！

顧客に応対しているときなど、こちらの説明を理解してくれたかどうかを確認するため、こんな言い方をすることがありますね。

「説明をさせていただきましたが、わかられますか？」

たしかに**「れる」「られる」は敬語のキーワードの1つです。これをつけると、それだけで敬語になってしまうことは少なくありません。**例えば、「行く」→「行かれる」、「来る」→「来られる」、「話す」→「話される」、「泣く」→「泣かれる」、「会う」→「会われる」……など、あげれば枚挙にいとまがないほどです。

「先日、パーティに行かれたそうですね。会場で弊社の○○に会われたと聞きました。△△様が話されたことがとても印象深かったと申しておりました」

このように「れる」「られる」だけを使っても、そつのない敬語の会話ができあがります。「わかられますか？」もその活用範囲の広さに期待した敬語づかいだと思いますが、これはちょっと悪かったようです。「わかるか？」の丁寧な言い方は、

間違いやすい「れる」「られる」敬語

原型	✕「れる」「られる」敬語	○ 正しい敬語
できる	できられる	おできになる
見える	見えられる	お見えになる
書ける	書けられる	お書きになる
読める	読められる	お読みになる
聞ける	聞かれる	お聞きになる
言う	言われる	おっしゃる
来る	おいでになられる	おいでになる
食べる	食べられる	召し上がる

good

「おわかりになりますか？」
「おわかりでしょうか？」

が適切です。

「わかられますか？」との違いは明らか。ビジネスシーンでは、その差が仕事における信頼度さえも左右しかねないのです。

「わかる」だけではありません。「れる」「られる」が拒絶反応を示すような語を上表にいくつか挙げてみましょう。

25ページで「お・ご＋～になる」という敬語表現を紹介しましたが、ありがちなのがこの表現にさらに「れる」「られる」をつけて、敬意が過剰な二重敬語になってしまうケースです。

あいさつ

「とんでもございません」は実は間違い

仕事で得意先に出向いて「わざわざご足労いただきまして恐縮です」と応対されたときや、日常生活でお礼を言われたときなど、自然に口をつくのが次のフレーズ。

bad

「とんでもございません」

誰もがなんの疑問ももたずに使っているかもしれません。しかし、実はこの言い方は敬語になっていないばかりか、日本語としてもおかしいのです。

誤用している人は「とんでもございません」を「とんでもない」の丁寧な言い方と考えています。「ない」の部分を丁寧語の「ございません」と言い換えているというわけでしょう。しかし、**「とんでもない」は「とんでも」を「ない」で否定している語ではなく、「とんでもない」全体で1つの形容詞です。**勝手に「ない」だけを切り離して、丁寧な言い方にすることはできません。

いくつか似たような形容詞を考えてみると、その不自然さがよくわかります。例えば、「情けない」です。これを丁寧に言うとき、「情けございません」と言いますか？「みっともない」を「みっともございません」、「せわしない」を「せわしございません」と表現するでしょうか。それぞれ、「情けないことでございます」「みっともないことでございます」「せわしないことでございます」というのが正しい言い方です。

もう、おわかりですね。「とんでもない」を丁寧に表現するとすれば、

good

「とんでもないことでございます」

となります。ただし、ほめ言葉などを否定したり謙遜する際の「とんでもございません」という表現は、現在ではかなり広く普及しており、2007年の「敬語の指針」（文化庁文化審議会）では、こういった状況で使うには問題ないとしています。

注意したいのが意味の取り違いです。例えば、ほめられたことに対して「とんでもないことでございます」と言うと、「（ほめたことは）とんでもないことだ」というよ

うに、相手の行為を否定する意味にも取られかねないので、注意しましょう。

相手への返事や相づちのバリエーションはいくつかあるといいでしょう。冒頭の得意先でのケースなら、

「お気づかいいただきまして、ありがとうございます」

お礼に対しては、

「どういたしまして」

こういった返答が、的確でキメこまやかさを感じさせる表現です。「とんでもございません」を封印すると、敬語の使い手として確実に一段階ランクアップします。

「遠慮なくいただいてください」のチグハグ

ビジネスシーンでもプライベートな場面でも、会食でコミュニケーションを図ることがよくあります。レストランや料理屋に仕事の相手を招いたり、自宅に友人や知人を招待したりして、食事をふるまうとき、主催者からのひとことがあります。

「どうぞ、遠慮なく（食事を）いただいてください」

より丁寧なあいさつで印象アップ！	
ふだんのあいさつ	丁寧なあいさつ
行ってきます	行ってまいります
お世話様です	お世話になっております
久しぶりです	ご無沙汰しております
会えてうれしいです	お目にかかれて光栄です
先に帰ります	お先に失礼いたします
待たせてすみません	お待たせして申し訳ございません

丁寧に食事をすすめているようにも聞こえますが、どこか違和感がありませんか？

「食べる」という意味で使う「いただく」は相手を尊敬する言葉ではありません。自分をへりくだったところに置く謙譲語です。つまり、「いただいてください」は相手を自分より下に置いてへりくだらせる言い回しということになります。ちょっと失礼ですね。

食事をすすめるときの尊敬語は、こうです。

good

「どうぞ、遠慮なく召し上がってください」

「いただく」と「召し上がる」はしばしば混同されます。自分は「いただく」、相手は「召し上がる」。この区別ははっきりつけておきましょう。

別れ際に「お疲れ様です」よりも適当なのは？

上司との出張帰り、取引先との会食終わりなどで、別れのあいさつをする機会は多くあります。その際、どのようなあいさつをしたらよいでしょうか。

「さようなら」は、上からの物言いではないものの、上司や取引先の方に対してはややフランク過ぎるように感じます。

別れには2つのケースがあります。自分が立ち去るケースと、相手が立ち去るケースです。自分から立ち去る場合は次のような言葉がよいでしょう。

good

「失礼します」
「お先に失礼いたします」

相手が立ち去る場合、「お疲れ様です」というのは間違いではありませんが、相手を思う気持ちを伝える場合、もうひと工夫ほしいところです。

「本日はありがとうございました」
「お気をつけください」

といった言葉で感謝や思いやりを伝えると、ワンランク上の敬語表現になります。

さらにこういったあいさつの印象を左右するのがお辞儀の仕方です。

お辞儀の基本は、きちんと腰から体を曲げ、一定時間頭を下げます。手は前で軽く重ねるのがよいでしょう。何度も小刻みに頭を下げる必要はありません。

頭を下げるタイミングにはいろいろあります。相手の目をしっかり見ながらあいさつをして、間髪入れずにお辞儀をすると、その後の会話までの間や流れがスマートになります。

●正しいお辞儀の基本

お辞儀の角度で、相手への気持ちを表現することができる。一般的なあいさつでは30度、軽い会釈では15度、深い感謝や謝意を伝えるときには45度程度とされている。

丁寧な言い回しは社会人のマナー

ビジネス上のつき合いでは、ふだんはあまり使わない特有の言い回しがあります。

家族や友人との会話で使用することはほとんどないため、使い慣れるまでは、言い回しに困ることもあるかもしれません。頻繁に使う単語やフレーズは覚えてしまうのが一番でしょう。また、一般的なビジネス敬語では自分の本意が表現できないときは、他の言葉や表現に言いかえて、わかりやすく伝えることも大切です。

●丁寧な表現〈基本単語〉

原型	ビジネス敬語
私（わたし）／僕	私（わたくし）
自分の会社	弊社／私ども
相手の会社	御社／貴社
誰	どなた
どこ	どちら
こっち	こちら
そっち	そちら
あっち	あちら
どっち	どちら
今日	本日
昨日（きのう）	昨日（さくじつ）
明日（あした）	明日（みょうにち）
明日以降	後日

原型	ビジネス敬語
昨日の夜	昨夜
明日の朝	明朝
明日の夜	明晩
今年	本年
去年	昨年
おととし	一昨年
もうすぐ	まもなく
いま	ただいま
すぐ	さっそく
あとで	のちほど
さっき	先ほど
とても	大変／誠に
〜ぐらい	〜ほど

第2章

ビジネスシーンで
すぐに使える敬語

ビジネスコミュニケーションのポイント

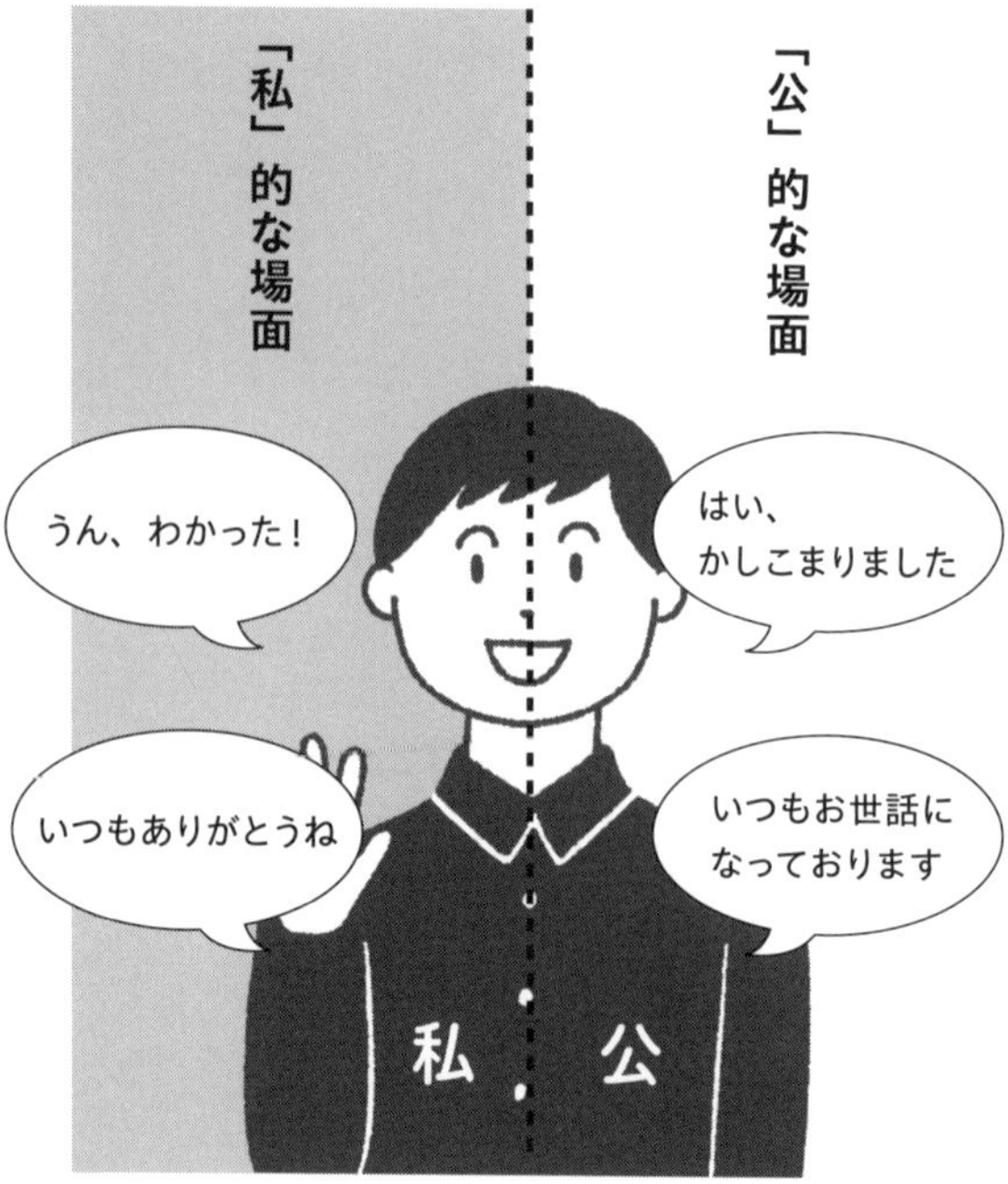

「公」的な場面
「私」的な場面
はい、かしこまりました
うん、わかった！
いつもお世話になっております
いつもありがとうね
私
公

「公私」のけじめをつけてTPOで使い分ける

仕事上での人間関係やつき合いにおいて大切なのは、社会人として恥ずかしくない立ち居振る舞いをすることです。その中で、言葉づかいは、仕事上で関わる多くの人たちと「円滑にビジネスを進めるため」の礼儀を用いた作法ともいえます。

ビジネスにおける人間関係を円滑に進めるために意識しておきたいことがあります。

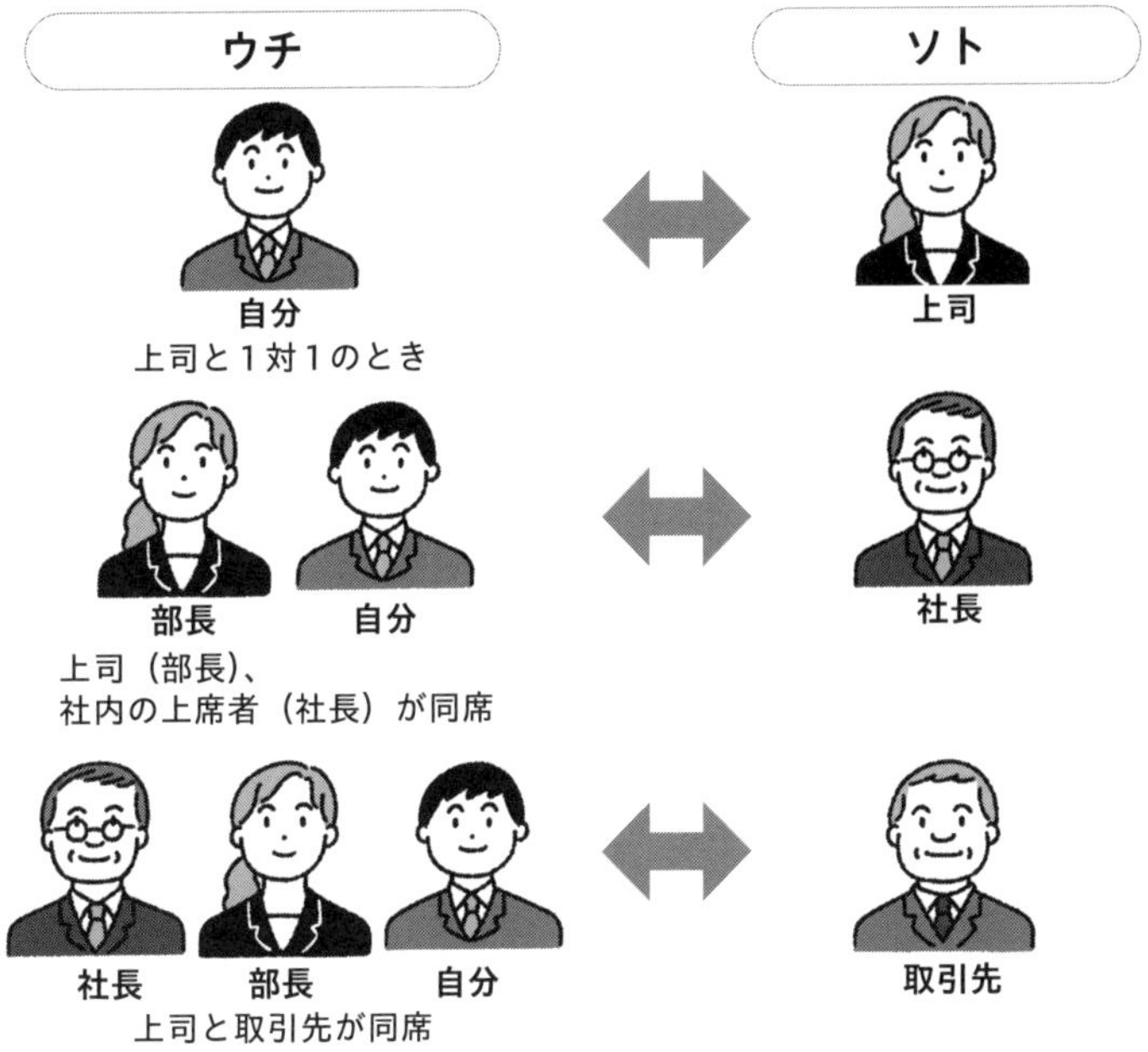

第一に、ビジネスシーンは基本的に「公」的な場面であると認識しましょう。**言葉づかいは年齢や地位といった社会的な上下関係だけでなく、相手と自分の関係性に応じて使い分ける**ようにします。

「ウチ」と「ソト」を意識する

ビジネスシーンにおける言葉づかいは、**その場に応じて「ウチ」と「ソト」を意識して使い分けることが大切**です。

例えば、上司と自分であれば「ウチ」が自分、「ソト」が上司、取引先と上司を含む自社の社員であれば「ソト」が取引先でそれ以外は「ウチ」ということになります。

社内での受けこたえ

上司の指示に「わかりました」は使えない

ビジネスの場では、一般的な常識とは別のビジネスの常識が求められます。上司の指示に対する受けこたえも、ビジネス常識に添ったものでなければ評価にも影響します。

「○○君、明日の会議に必要な資料をつくってくれないか」

課長からそんな指示があったとき、どんな受けこたえをしますか？

「は～い」。まさか、こんな人はいないと思いますが、学生気分をそのまま引きずった対応は、当然、論外。ビジネスに臨む姿勢として失格です。では、常識的な次の言い方は？

「わかりました」

指示を了解したという端的な受けこたえですが、一般常識にはかなっていても、ビジネスの常識という点からすると的確な対応とはいえません。上司の指示に対する受けこたえとしては、次のような言い方が理想でしょう。

good

「かしこまりました」
「承知しました（いたしました）」

この前に「はい」という返事がつけば満点です。社内にかぎらず、対外的な場面でも相手から依頼や注文があって、それを受け入れるときにもこの言い方を使いましょう。

もちろん、この受けこたえで上司への対応が完結というわけではありません。指示は「会議に必要な資料の作成」ですが、これだけですぐに仕事に取りかかれるでしょうか。自分が指示を受けたことをイメージして考えてみてください。上司に聞いておかなければならないことがあるのでは？

資料はいったい何部つくればいいのでしょう。明日の何時までにどこに準備すればいいのでしょう。その情報がないと指示に完璧にこたえる仕事はできませんね。

「何部、ご用意すればよろしいでしょうか？」

「何部、必要になりますか？」

good

「明日の何時までに、何部ご用意すればよろしいでしょうか？」
「課長のお手元にお持ちすればよろしいですか？」

受けこたえと同時にそうした確認も必要です。いったん資料の作成に取りかかってから、「あれっ、何部つくればいいんだろう？」「タイムリミットは明日の何時？」と考え、いちいち上司にお伺いを立てるようではスマートな仕事ぶりとはいえません。

相手が何を、どこまで求めているかを常に意識しましょう。

昼のあいさつは「こんにちは」ではない

あいさつがきちんとできることは、とりあえず社会人としての基本です。朝、出社して顔を合わせた人には笑顔で明るくはきはきと「おはようございます」の声をかけていますか？　午前中に他社を訪ねた際にも、来意を告げる前に「おはようございます」のひとことがあるかないかで、相手の印象は大きく違ったものになります。

ちょっと悩んでしまいそうなのが、午後のあいさつです。芸能界や放送業界では、午後だろうと夜だろうと顔を合わせたときは「おはようございます」とあいさつするのが常識になっているようですが、一般のビジネスの世界ではこれは通用しません。

「午後は、やっぱり、こんにちはだろう」

たしかに、午後のあいさつは「こんにちは」ですが、ビジネスの場ではどうでしょうか。例えば、社内で同僚に対してなら「こんにちは」で問題はありません。

しかし、相手が部長や常務といった上司の場合は、このあいさつでは軽すぎる気がしませんか？

ビジネスの場は、ある意味でタテ社会ですから規律が要求されます。

good

「お疲れ様です」

午後から夜のあいさつは、これがもっとも自然で適切でしょう。夜だからといって「こんばんは」は、いただけません。

一方、社外ではどうでしょうか。訪問先の受付でまず「お疲れ様です」とあいさつするのは、ちょっと場違いな感じがします。

good

「お世話になっております」

こちらのほうがはるかに自然です。このように**あいさつには午前中と午後の使い分**

ビジネス上のあいさつで「こんにちは」はNG。

け、自社と他社の使い分けがはっきりとあります。正しくその使い分けができるかどうかは、ビジネスパーソンとしての自覚があるかないかに直結します。

「あいさつ（挨拶）」という言葉のルーツは禅の「一《いち》挨《あい》一《いっ》拶《さつ》」にあります。「一挨一拶」とは禅宗の僧が悟りの深さを試すために行なう問答のこと。禅宗では重要な修行の1つです。それが民間に広がり、人と出会ったときに取り交わす言葉や動作、対応などを指すようになり、略されて「あいさつ」というようになったのです。

そんな由緒を知ると、やっぱり、おろそかにはできませんね。

「何かご用でしょうか？」では怒りを買う

自分のデスクの電話が鳴って受話器を取ると、「ちょっと第一会議室まで来てくれないか」という課長の指示。すぐに会議室に駆けつけ、ドアをノックして、第一声です。

bad
「何かご用でしょうか？」

会議室の空気が凍りつきます。ふだんから厳しい課長の声が飛びます。「用があるから呼んだんだ！　なけりゃ呼ばないよ」。いきなり怒鳴りつけられてムッとするかもしれませんが、上司に呼ばれて「何かご用でしょうか？」では、それもしかたがないでしょう。

同様に、

「お呼びでしょうか？」

もダメ。上司が呼んだからその場にいるのに、あらためてそれを確認するのは失礼です。

good
「どのようなご用（件）でしょうか？」

good

「ご用（件）はなんでしょうか？」

これがこの場合の正しい言い方です。

部長に報告「課長が申しておりました」は誰に失礼？

会社は一般社員から課長、部長、社長、会長までたくさんの役職がある「階級社会」です。複数の上司がからむと敬語の使い方も難しくなります。

例えば、こんなケース。課長の意向を部長に伝えるときの正しい敬語づかいは、どうするのがいいのでしょうか。「次回のミーティングに部長の出席をお願いしたい」というのが課長の意向です。

「次回のミーティングに部長に出席してほしいと課長が申しておりました」

この言い方の間違いは2つ。**上司である部長に出席をお願いするのに「ほしい」は失礼です。** ここは「いただきたい」とするのが正解。

もう1つは「申しておりました」です。

「申す」は相手に対して自分がへりくだっていることを示す謙譲語です。 しかし、「申

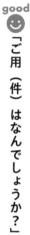

している」のは自分にとって上司に当たる課長ですから、へりくだらせてはまずいでしょう。敬う言い方をしなければいけません。２つの間違いを正すと、こうなります。

「課長が次回のミーティングに部長に出席していただきたいとおっしゃっていました」

「課長が次回のミーティングに部長にご出席いただきたいと言っておられました」

ただし、自社の課長の意向を外部の会社の人に伝える場合には、違った言い方になります。どこをかえるべきかわかりますね。

good

「（弊社の）課長が（御社の）部長にご出席いただきたいと申しておりました」

そう、ここでは「申しておりました」が復活します。**他社に対して自社の人間は、たとえ社長であっても、へりくだった立場に置くのが敬語のルールです。**

では、課長の行動を部長に伝える場合はどうでしょう。得意先との間にトラブルが生じ、課長が謝罪に行くことを部長に伝えるとします。

「部長、課長が先方に謝罪に行くとおっしゃっていました」

この言い方では、課長に対する敬意が十分に示されていません。正しくはこうです。

×

ほしい と 申して おりました

↓ 「ほしい」を**謙譲語**に、「申す」を**尊敬語**に

○

（部長に）いただきたい と
（課長が）おっしゃっていました

「部長、課長が先方に謝罪に行かれるとおっしゃっていました」

「〜謝罪に出向かれると言っておられました」

このようなケースではどちらかの上司に対する敬語を忘れたり、敬語にすべき箇所の一部を落としたりすることが少なくありません。チグハグな敬語で笑われないよう、細部まで神経を使いましょう。

「やっても結構です」とは唖然

社会人としてある程度経験を積むと、責任ある仕事を任されることも多くなってきます。実績をつくり評価をあげるチャンスでも

あるわけですが、敬語の使い方で台なしにしてしまうこともありそうですね。

「今度のキャンペーンの企画を君にやってもらおうと思うのだが、どうかな？」

上司から打診がありました。力を認めてもらうチャンスです。もちろん、こたえは「Ｙｅｓ」ですが、言い方には注意です。

bad

「はい、やっても結構です」

せっかくの抜擢に対する返答として、これはいけません。「結構」を承諾の意味での「いい」の丁寧な言い方として使っているわけですが、聞く側にはそうは聞こえません。「やってもいいけど……」。そんなニュアンスで受け取られてしまいます。上司としては、

「ほう、やっていただけるのかね。まぁ、無理にお願いするつもりはないが……」

と皮肉の１つも言いたい心境でしょう。**「結構」はその状態で十分だ、満足しているという意味です**から、打診に対しての返答に使うのは不適切です。

good

「はい、やらせていただきます」

「ぜひ、やらせてください」

などが上司を満足させる表現です。「結構」の使い方では、間違えやすいケースがまだあります。上司に頼まれたコピーを終えて手渡すときなどに、

「これで結構ですか？」

なんて言っていませんか？　この場合も「いい」を「結構」に言い換えているわけですが、まったく敬語になっていません。

good

「これでよろしいですか？（よろしいでしょうか？）」

とすべきですね。

「結構」が使えるのは、それに対する上司の対応のほうです。「結構だ。ありがとう」という具合。

「結構」はたしかに、すばらしいという意味で使う場合もあります。茶会などで「結構なお点前でございます」と言ったりするときがそれです。**しかし、ビジネスシーンでは多用しないほうが無難でしょう。**例えば、仕事相手に立派な仕事をしてもらったときなども「結構な仕事をしていただいて」より「すばらしい仕事をしていただいて」のほうが、ずっと感じがいいものです。

「何気に」はビジネスシーンではタブー

時代が生み出した言葉が広く定着することがあります。「ユーキャン新語・流行語大賞」（自由国民社）はそうした言葉の発信源の１つです。かつて、新語部門の金賞では、「セクシャル・ハラスメント」が大賞に選ばれ、その後、「〇〇ハラ（スメント）」などの言葉が広く使われるようになりました。

同様に、いまでは若者を中心にすっかり定着したのが「何気に」という言葉です。テレビを観ていても、タレントの口からやたらに「何気に」が飛び出します。

「初めて入ったレストランだったけど、何気にいい感じだった」

「あの人は何気にかっこいい」

「この料理、何気にうまい」

例をあげたらキリがありません。「何気に」は「何気なく」が変化した言葉でしょう。「これというはっきりした理由があるわけではないが、どことなく～」といった意味合いで使われ、それなりにニュアンスが伝わる結構便利な言葉になっています。コミュニケーションは思いが伝わることが大切ですから、友人同士の間で使うなら文句を言う筋合いはありません。

しかし、ビジネスシーンにもち込んだら、確実に評価を下げます。課内のミーティングで意見を求められて、

bad

「そうですね。何気にいい感じだと思います」

そんな言い方をしたら、上司にムッとされるのは間違いなし。

「何気にとはどういうことだ。まったく意味不明じゃないか。ここは仕事の場であって仲間の飲み会の場じゃないんだぞ。もう君の意見はいい」

正当性は、もちろん上司にあります。**仕事の場では自分の意見や主張を明確に、相手に伝わるように、述べるのが原則です。**「何気に」は、その原則にまったく反するのです。

good

「時代性を反映している点がいいと思います」

「これまでにない斬新さがいいと思います」

などのように「いい」の中身をはっきりさせなければ、ビジネスシーンでは通用し

ません。仕事の相手からアポイントを求める電話がかかってきて、「その件の打ち合わせでしたら、何気に金曜日の午後くらいが……」そんな受けこたえをしたら、瞬時に信頼感は失墜です。

「ちょっと無理です」は職場では通用しない

仕事では、上司から与えられた指示を確実にクリアすることが大切です。しかし、現実にはクリアするのが難しい状況も出てきます。

期日を決めて企画書の提出を指示され、それに取りかかってみたところ、当初考えていた以上にたくさんの資料を読み込まなければならないことがわかった場合などです。期日には間に合いそうもありません。上司にその現状を早急に報告しなければいけない場面です。

bad

「課長、企画書ですが、期日までの提出はちょっと無理みたいなんですが……」

期日に間に合わないことを伝えるのに「ちょっと無理」は考えもの。上司への報告になっていません。さらに「みたい」という曖昧表現もいただけません。よく、

「先方はもう1つ別の案を出してほしいみたいですが……」

といった言い方をしますが、先方が別の案の提出を要求しているのか、していないのかははっきりしているはずですから、「みたい」は使わず、

「先方はもう1つ別の案を出してほしいとのことです」

といったほうが、ずっとすっきりしています。**「〜みたい」はビジネスシーンではほとんど余計語といっていいでしょう。**

さて、報告に戻りましょう。「ちょっと無理」が通用しないのは、この言い方では上司がすぐに次の指示を与えられないからです。能力的に無理なのか、期日がきついのか、あるいはほかに理由があるのか。報告では、それを伝える必要があります。

「課長、企画書ですが、提出の期日を2日間延長していただけないでしょうか?」

これなら、上司は「それでかまわないから続けてくれ」とか「期日は延ばせないから、協力するスタッフをつけよう」といったように具体的な指示が出せます。

また、上司に相談する場合は、こんな言い方が望ましいでしょう。

「企画書ですが、期日までの提出は時間的に厳しい状況です。何かアドバイスをい

ただきたいのですが……（いただけませんでしょうか？）」

きちんと提出ができない理由を「時間的に厳しい」と示していますから、上司も的確なアドバイスができるというわけです。

「私的」はいい印象を与えない

「何気に」といった言い回しとは違い、意味がはっきりとわかり、当然のように使われている言い方の中にも、よく考えるとおかしいというものがあります。典型的なのが「私的《わた(く)してき》」です。

「今日は２つのプランをおもちしました。私的にはこちらのほうがおすすめと考えているのですが……」

意味は通じますが、このような「的」の使い方はどうなのでしょう。**「的」は本来「〜のような」、「〜ふうな」という意味で使われたり、「〜上の」という意味で使われたりします。**「兄は父親的な存在でした」、「それは事務的な問題です」といった具合ですね。「私的」は、このどちらにも当てはまりません。

気をつけたい若者言葉	
✖NG	◯OK
～は大丈夫ですか	よろしいでしょうか／いかがでしょうか
なるほどですね	さようですか
私的には～	私といたしましては～／私は～と存じます

✖ビジネスでは必要ない「余計語」	
～みたい	ていうか
何気に～	～って感じ

つまり、「的」の本来の意味から離れた使われ方をしているわけです。社会的に認知されたものであっても、TPOを踏まえることは必要。ビジネスの場ではやはり、正確な言葉の使い方をすべきでしょう。

good

「私といたしましては、こちらのほうがおすすめと考えているのですが……」

どうですか。聞く側の印象の違いは明らかではありませんか？

上司の誘いに「今日はダメです」は失格

仕事を終えたあと、上司に飲みに誘われることもあります。アフターファイブのつき合いが減ったとはいえ、日本のビジネス界では飲みニケーションがまだまだ健在です。酒の席で盃《さかずき》を交わしながら心を開き合えば、上司から学べることもあるはず。また、現実問題として仕事以外での上司とのつき合いをいっさい拒絶することは不可能です。しかし、断りたいときも当然あります。そんなときは言い方がとても大事になります。

「すみません。今日はダメです」

策を弄《ろう》さず、素直に断るこの言い方、ビジネスシーンでは間違いなくダメが出されます。中には狭量な上司もいますから、断り方に腹を立ててしまい、その後は仕事の上でも何かとつらく当たるといったこともないとはいえません。

断り方のポイントはまず、誘ってくれたことに対して感謝の気持ちを表すことです。

誘って喜んでいると感じれば、その場は断わられても上司の機嫌を損ねることはありません。素っ気なく断るのとは大きく違います。

good

「お誘いありがとうございます。ご一緒したいのですが、今日は以前からの予定がありまして、残念です」

感謝の表現から始め、次に同行できない理由を示し、せっかくの誘いにこたえられないのを残念に思っている気持ちを伝えて締めます。この流れが基本型です。友人との飲み会やデートの場合でも、「以前からの予定」くらいの曖昧な言い方にとどめるのもポイント。「俺の誘いは飲み会より軽んじられるのか」などとひがんで受けとられないためですね。たんに気がすすまないだけのときも、「以前からの予定」を理由にしましょう。

そして、**次の誘いを期待している気持ちをつけ加えると、断り方としてはさらに上級です。**

good

「課長、ぜひまたお声をかけてください。必ずご一緒させていただきますから……」

これで一瞬は険しくなった上司の表情もゆるみ、「おっ、わかった。予定があるんじゃ仕方ないな。次の機会にしよう」となるに決まっています。

また、現在では、アルコールを「飲まない（飲めない）」人も増えており、そういった人への社会的な認知度、定着度も上がってきています。飲み会を断る理由としては正当性がありますし、参加する場合でも、つき合いで無理をして飲む必要がなくなります。

「飲まない（飲めない）」場合は、はじめに取引先や上司、周囲の人にはっきりと伝えておくと理解してもらいやすいでしょう。

直属の上司とのつき合いは1年や2年で終わることはなく、通常、何年にもおよびます。たかが酒の誘いですが、一度それでしくじると、居心地が悪いまま一緒に仕事をしなければならない状況も生まれるのです。結構重要な局面だということを頭に入れておいてください。

面談中の上司に「お電話です」は常識知らず

社外の仕事相手と打ち合わせをしている上司に、外部から電話が入ることもあります。スマホ全盛の時代でも、会社ではよくあることです。電話の相手は急いで連絡を取りたい様子。そのことを上司に知らせる場合、面談相手に失礼にならないような言い方をしなければなりません。

「失礼します。課長、お電話が入っております」

お打ち合わせ中、
恐れ入ります
・●●社の
山本様より電話
・折り返す
・中座して
電話に出る
相手の気持ちや状況を察することも大切！

社内の人同士の打ち合わせならこれでもいいのかもしれませんが、外部の人の場合は明らかに礼を失することになります。**面談を中断させる非をまず相手に詫びるのが筋です。**

good

「お打ち合わせ中、恐れ入ります」

このフレーズだけを言い、用件はメモにして上司に示すのが頭のいい方法です。

メモには「○○様より電話」と書くだけではなく、**電話相手への対応を上司が指示しやすい選択肢も記しておきます。**「のちほど折り返し電話する」「中座して電話に出る」「○○に代わって対応させる」……。これによって、上司は指を差すだけで指示ができます。

面談を中断する時間も最小限ですみ、面談相手が感情を害することもないはずです。

「私ではちょっと……」は稚拙さ丸出し

仕事の打ち合わせ中、相手から提案がもち出されるというケースがよくあります。自分で判断できる内容なら問題ありませんが、上司の判断を仰がなければ回答できないという場合は、うまくその場を切り抜けなければなりません。

「あのぅ、その件は私ではちょっと……」

言葉を濁《にご》すような言い方は、ビジネスでは通用しません。相手も「この人で本当に大丈夫かな？」と不安を感じるでしょう。ここは、**上司の判断が必要な事項であることをはっきり伝える必要があります。**

good

「その件は私では判断しかねます。上司と相談したいと思います」

これが交渉上手の言い方です。

できれば期限を区切っていつ返事ができるかをつけ加えましょう。「明後日にはお返事を差し上げます」「３日間、お時間をいただきたいと思います（存じます）」という具合ですね。

上司の間違いに「少し違うと思います」はまずい

会議や打ち合わせでは、上司と部下という立場の違いはあっても、自由に意見や議論を戦わせるべき場面ですが、上司の間違いや勘違いを指摘するのはなかなか勇気がいるもの。こちらに正当性がある場合でも、上司に対してはやはり口を噤《つぐ》んでしまうケースもありそうです。でも、要は言い方次第です。

「課長、いまおっしゃったプロジェクトの方向性ですが、少し違うと思います」

上司の見解を真っ向から否定するこの言い方は、さすがに神経を逆なでする可能性が大です。「違う」と言われれば上司は立場を失いますし、プライドもおおいに傷つきます。感情的な上司なら逆上することもありそう。立場に配慮することも必要です。

「課長、プロジェクトの方向性ですが、**私は～のように理解しているのですが、**勘違いしていたかもしれません。**もう一度確認させていただいてよろしいでしょうか？**」

これなら上司としては、「そうだったな」と立場を保ちながら、方向転換もできます。

否定するのではなく、**確認を前面に立てるのがこのケースでのポイントです。**

●言いにくいことを伝えるとき

人とのつき合いの中でとくに難しいのは、
何かを断ったりする際の言葉の使い方です。
相手が不快にならないように配慮しながらも、
伝えるべきことははっきりと伝える必要があります。
うまく伝えるためにはポイントがあります。

ポイント

❶まずはイエス！　否定から入るのは避けよう

❷曖昧な表現はNG。だけどやわらかい言葉で

❸人前では指摘しない

例）

無理です／できません／急に言われても……

→ **お気づかいありがとうございます／**
●●ならできるのですが／
おっしゃるとおりだと思います

難しいことを言われた場合にも、相手を否定したり突き放すような言葉は避けましょう。まずは相手を肯定しながら話を始めるのが◎。

難しいかもしれません／ちょっとわからないみたいです……

→ **～いたしかねます／わかりかねます**

曖昧な言葉は誤解のもと。理由を伝えながら、言うべきことはきちんと伝えます。

（人前で）これは間違っていますよね？

→ **この部分は●●と修正すればよろしいですか？**

とくに社外の人の前で公然とミスを指摘するのは、相手が上司であれ部下であれNG。遠回しに伝えたり、あとで２人きりになってから伝えるなどの工夫をしましょう。

取引先・社外での受けこたえ

得意先で「お世話様でございます」はＮＯ！

仕事で得意先を訪れる際は、とりわけ敬語の重要性が増します。

社内では少しおかしな敬語を使ったところで、「もっと敬語を勉強しろよ」と叱咤《しった》激励される程度ですんでも、会社の看板を背負って相手と向き合う得意先では、そうはいきません。

先方で最初に言葉を交わすのは、通常、受付のスタッフです。そこでのひとことは決まっています。

「お世話様でございます」

文句のつけようのないあいさつのようですが、実はこれは礼を失しています。

「お世話様」は相手に対して感謝の気持ちを表す言葉ですが、使用法が限定されているのです。

「お世話様」というのは、目上の人が立場が下の人に対して使うものです。上司が郵便物を届けてくれた部下に向かって、「お世話様」と言ったりするのが正しい使用法です。「ございます」をつけて丁寧な形にしても得意先に対しては使えません。

good

「いつも（大変）お世話になっております」

受付での第一声はこれ。反射的に口から出るくらいに頭にたたき込みましょう。

「その件は課長にお伝えしてください」はヘン

取引先の人に自社の上司への伝言をお願いするケースがあります。例えば、先方との話の中で、直接、上司に伝えてもらったほうがいい内容があったときは、そのことをお願いしなければなりません。そこでこんな言い方を……。

「その件については、うちの課長に直接お伝えしてください」

課長に対して「お伝えする」という敬語を使っているわけですが、相手は取引先であり、課長は自社の人間ですから、これはヘン。敬意を払う対象が逆です。正しくは、

good

「その件は課長に直接伝えていただけますか？（いただけますでしょうか？）」

でなければ先方に失礼です。

また、取引先に出向いた上司と至急連絡を取りたいときには、先方に電話をかけて、着き次第こちらに連絡をくれるようにお願いすることもあるでしょう。この場合はちょっと複雑です。敬語の使い方が問われます。

「うちの課長がそちらに着かれましたら、すぐに○○（自分）まで連絡をいただけるよう伝えていただけますでしょうか？」

だいぶ混乱しています。

「伝えていただけますでしょうか？」という部分は、前述したように合格です。しかし自社の人間に「着かれましたら」、「いただける」という敬語を使っていては台なしです。

社外の人との会話では、自社の人間に尊敬語を使うことはありません。謙譲語を使って、へりくだるのが基本です。

「着かれる」ではなく「着く」を、「連絡をいただける」ではなく「連絡をもらえる」を使わなければいけません。

×

うちの課長が着かれましたら、
すぐ連絡をいただけるように……

自社の人間に**敬語**は使わない

○

うちの課長が着きましたら、
すぐに連絡を入れるように……

「うちの課長がそちらに着きましたら、すぐに○○まで連絡をもらえるよう伝えていただけますでしょうか？」

かなり修正されました。しかし、これでもビジネス敬語からすると不十分です。

「着きましたら」は「伺いましたら」に、「連絡をもらえる」は「連絡を入れる」にしたほうがより敬語として整った形になります。また、「うちの」という言い方も「弊社の」、「私どもの」としたほうがベターです。完成形はこうなります。

good

「弊社の課長がそちらに伺いましたら、すぐに○○まで連絡を入れるよう伝えていただけますでしょうか？」

「課長に申し上げておきます」のチグハグ

気配りはビジネスには欠かせない要素です。仕事の担当者と話をすませたあと、相手からこんなひとことが。「○○課長にくれぐれもよろしくおっしゃってください」。自分の上司に対する気配りに感心しきりの場面です。ここは、感謝と確かに伝言を預かったことを伝えなければいけません。

「いつもお心づかいありがとうございます。○○にたしかに申し上げておきます」

相手の気配りにこたえるには「たしかに伝えておきます」よりは「申し上げておきます」のほうが丁寧でふさわしいと考えて、この言い方になったのでしょう。しかし、どこかしっくりこない感じです。

「申し上げる」は「言う」の謙譲語。自分の上司に対して使うのはいっこうにかまわないのですが、このシチュエーションではチグハグになってしまっています。なぜか？社外の人の前で自分の上司（身内）に敬意を払っているからです。ここで「申し上げる」が使えるのは、むしろ、先方です。「おっしゃってください」を「申し上げてください」にかえても違和感はありませんし、敬語としても適切です。

自分の上司への伝言を預かったときの基本フレーズはこうです。

good

「〇〇にたしかに申し伝えます」

「申し上げる」と「申し伝える」。言葉としては似ていますが、使う場面はまったく違うことを覚えておいてください。別の言い方をするなら、次もＯＫ。

「お言葉たしかにお預かりして参ります」

また、書類などを渡すように頼まれたときは、次のようなフレーズを使います。

「たしかにお預かりいたしました」

一方、自分の上司の伝言を相手に伝えるときはどんな表現が正しいでしょう。課長の伝言は「明日午後3時にお待ちしていると伝えてくれ」というものです。

「課長が明日午後3時にお待ちしているとおっしゃっていました」

まさか、こんな言い方はしませんね。正しい言い方は、

「課長が明日午後3時にお待ちしていると申しておりました」

となります。

「資料を揃えさせます」は好感度なし

外部の人を交えた会議や打ち合わせのときなどに、新しく資料を揃える必要が出てくることがあります。ただちに部下に指示を出し、外部の人にもひとこと添えます。

「すぐに資料を揃えさせますので、少しお待ちください」

この言い方、敬語として間違っているわけではありません。部下への指示ですから「〜させる」と言っても当然です。この場面で「揃えていただきます」などと言えば笑われます。また、外部の人に対して「お待ちください」と丁寧な言い方をしている点も問題なしです。しかし、どことなく引っかかる気がしませんか?

あくまで聞く側の印象ですが、やはり「揃えさせる」に好感度がないのです。

good

「すぐに資料を揃えますので〜」

「すぐに資料を用意いたしますので〜」

という言い方のほうが好感度は上です。「揃えさせる」という言い方が部下に対する日ごろの態度を想像させるからかもしれません。

Bad
おい、ファイル
取ってくれよ
お茶を
入れさせます
仕事をお願いしても
よろしいですか？
「です」「ます」調で
話すだけでも
印象アップ！
Good
ありがとう
ございます

年下の上司、年上の部下が珍しくもない昨今。社内の人間でも、年齢や立場に関わらず丁寧な言葉づかいを心がけたい。

わざわざ「～させる」ということで上下関係をこれ見よがしにしている感じがしてしまうのでしょう。

「この課長、きっといつも部下を偉そうにあごで使っているんだろうな」

外部の人がそう受け取ったとしても、責められません。同じような表現として、

「いま、お茶を入れさせます」

「コピーを取らせます」

「(書類を) 持って行かせます」

などがあります。これらも「お茶をお入れします」、「コピーを取ります」、「(書類を) お持ちします」でなんら問題はありません。あえて自分がやるのではなく部下にやらせる

のだということを強調する必要などないと思いませんか？

「〜させる」という言い方は使う場面によっては、不遜さを感じさせてしまうことがあるようです。 それは仕事にも影響しかねません。誰だって部下を雑用係のように扱う人間より、部下にもきちんと敬意を払う人間を仕事のパートナーにしたいと思うに決まっていますからね。

交渉打ち切りの言い方は難しい

仕事の交渉では、両者の主張を提示し、かけ引きや、すり合わせをしていく中で着地点を見つけなければなりません。

しかし、どうしても折り合いがつかず、交渉決裂になる場合も少なくないでしょう。その際、交渉相手に対して決裂をどう伝えるかでビジネスパーソンとしての技量が問われます。

「この件は、なかったことにしていただきます」

事実をありのままに告げているわけですが、相手を突き放すような言い方はその後の仕事のつき合いに禍根を残しそうです。たとえ相手が下請け業者であっても、立場を思いやる言い方ができてこそ、器《うつわ》を感じさせます。

good

「非常に残念なのですが、この件については白紙に戻させてください。力がおよばず、申し訳ありません」

「白紙に戻す」の部分は「見送らせてもらう」という表現もできます。**白紙撤回の原因は自分の力不足のためとするのが、大人の対応なのです。**

「お車がいらっしゃいました」って誰への敬語なの？

大切な得意先の幹部の接待といったＶＩＰへの応対は、敬語の使い方でもっとも神経をすり減らす場面かもしれません。

失礼のないように座る位置を決め、ソツなく場を盛り上げ、言葉づかいに細心の注意を払って会話を交わし、ようやくお開きの時間になるころには、精根尽き果てた状態にもなろうというものです。そこに危険がひそんでいます。

接待相手を送る車が到着。それを伝えれば、今日の大役からもそろそろ解放です。

bad

「社長、お車がいらっしゃいました」

過度の緊張感からの失敗でしょう。**得意先に対しては敬語を使うのが常識でも、物に敬語を使ったのでは非常識のそしりは免れません。**迎えに来たのは社長自身ではなく車ですから、「来る」の尊敬語である「いらっしゃる」を使うのは間違いです。

good

「社長、お車が到着しました」
「お車が参りました」

と言わなければおかしなことになります。敬語の対象を見極めることもお忘れなく。

「いたされました」は尊敬語？　謙譲語？

目上の人に対して「どうかいたしましたか（いたされましたか）？」などと聞く人がいます。「いたす」は「する」の謙譲語です。「私が担当いたします」「努力いたします」のように自分に対して使うもので、他人の動作には使いません。尊敬語の「〜されました」をつけても、尊敬の意味はもたないので注意が必要です。

例えば取引先の担当者から、

「この資料は誰がつくったのかな」

と聞かれたとします。作成したのが自分の後輩にあたる鈴木君だったとすれば、どんなふうに答えるのが適切でしょうか。

「はい、鈴木君がやりました」

間違っているのは「鈴木君」という部分。なぜなら、自身の身内である後輩のことはへりくだった表現をしなくてはならないからです。この場合は「鈴木が～」のように名前を呼び捨てにし、「する」の謙譲語「いたす」を使い、

「はい、鈴木がいたしました」

が正しい形になります。

「君」は「さん」に比べて敬意が低いので、つい使ってしまいがちです。でも「君」も「さん」も敬称には変わりないのです。まれに、

「鈴木さんがなさいました」

このように後輩に尊敬語を使ってしまう人がいますが、**社外の人に社内の人間の話をするなら、必ずへりくだった表現にします。**

訪問客への対応

「お名刺を頂戴できますか？」は正しくない

初めて訪問した会社では、受付で名刺を求められることがあります。訪問者がどこの会社の誰なのかを、間違いなく伝えるためですから、それ自体に問題はありません。しかし、気になってしまうのが言い方です。

「恐れ入りますが、お名刺を頂戴できますか？」

敬語としても過不足なしですし、どこにも間違いはないようですが、受付の対応としては行き届いたものとはいえません。なぜなら、**名刺を「頂戴する」のは受付ではなく、訪問者と面会する人間だからです。受付はその間を取り次ぐのが仕事です。**とすれば「頂戴できますか？」という言い方は適切ではないことになりますね。

good

「恐れ入りますが、お名刺をお預かりできますか？」

「恐れ入りますが、お名刺をお預かりしたいと存じます」

という言い方が受付としての正しい対応です。「頂戴する」と「お預かりする」の区別がしっかりできているかどうか。それは訪問者がその会社の社員教育のレベルを判断する材料にもなります。

では、名刺に印刷された名前が読めなかったときはどうしたらいいのでしょうか。世の中には、かわった名前がいくつもあります。

「申し訳ありませんが、お名前はどう読めばいいのでしょうか？」

これでも間違いとは言えませんが、敬語としてはまだまだスキがあります。後半部分が相手を敬う言い方になっていないからです。

good

「お名前はどのように（なんと）お読みしたらよろしいのでしょうか？」

これが完全な敬語です。もう1つ注意が必要なのは、読み方が2つ以上考えられる名前の場合です。例えば「野島」という名前は「のじま」とも「のしま」とも読めます。「のじま様でいらっしゃいますね」と言ってしまって「いいえ、のしまです」と訂正されることも十分に考えられるのです。自分の名前を呼び間違えられるのは気分のいいものではありません。そこで、こんな機転を利かせた言い方が望まれます。

「のじま様とお読みしてよろしいのでしょうか？」

これなら相手も気分を害することなく「のしまと読みます」と訂正できます。

「わざわざ来ていただいて……」はねぎらいではない

遠方の支社や営業所からの来訪者を迎えるときは、それに見合った対応をすることが求められます。ただ「お待ちしておりました」だけでは、気くばりに欠けます。

「今日は大阪からわざわざ来ていただいてありがとうございます」

遠方からの来訪に対する感謝の気持ちは一応示していますが、きめこまかい心づかいまでは感じられません。相手も「ねぎらってもらった」という気持ちにはなりません。

good

「遠いところをご足労いただきまして、ありがとうございます」

このケースでは「ご足労いただく」が、ねぎらいの定番。言いかえとして「お運びいただく」、「お越しいただく」も覚えておくといいですね。

さらに、季節や天候などにも触れると、相手を思いやる気持ちが伝わり、もっと丁寧に迎えている印象になります。

「お暑い（お寒い）中をお運びいただきまして」

「足下のお悪いところをお越しいただきまして」

こんな言い方が、迎えられる側に行き届いた心を感じさせるのです。

「どなたを呼びましょうか？」の心得違い

仕事関係の人がオフィスを訪れ、社名と名前を告げました。どうやら、こちらの担当者名を告げ忘れている様子です。こういったケースでのもっとも的確な対応は、誰に用事があるのかを尋ねることです。

bad

「どなたを呼びましょうか？」

先方が面会を求めているのが誰であれ、自社の人間に違いないのですから、この言い方は大きなミスです。「どなた」は「誰」の敬称です。身内に使うべき言葉ではありません。

「誰を呼びましょうか？」

これが正しい対応。もう少し丁寧な表現をするなら、「呼ぶ」の部分を丁寧にして、

「どの者をお呼びしましょうか？（お呼びいたしましょうか？）」

これがいいでしょう。

また、「呼ぶ」を使わない場合は、「どの者にご用でしょうか？（ご用でございますか？）」といった言い方もできます。**敬称で呼ぶべき人とそうでない人の区別は明確にしておきましょう。**

「取り込んでおりまして」は相手を軽視

来訪者が課長に面会を求めました。取り次いだところ、どうしても手があかないから15分ほど待ってもらうように伝えて欲しいとの指示。

相手はきちんと約束の時間に来社していますから、失礼のないよう丁重に課長の指示を伝える必要があります。

「ただいまちょっと取り込んでおりまして、しばらくお待ちください」

●訪問・来客時のあいさつ

	訪問のあいさつ	来客対応のあいさつ
受付時	○○様と○時に お約束を いただいております 自社名と所属、名前を伝えたあとに、訪問相手の名前や所属、約束の時間を伝える。	恐れ入りますが、 お約束はいただいて おりますでしょうか？ 誰を お呼びいたしましょうか？
受付時	お暑い（お寒い）中／ 足元のお悪いところを／ お忙しいところを ＋ お越し／ご足労／お運び いただき ありがとうございます	申し訳ありません／ ただいま 呼んでまいりますので ＋ 少々お待ち いただけますか 来客に少し待ってもらうときなど
辞去時	本日はお忙しい中、大変 お手間をおかけしました	本日は ありがとうございました
辞去時	本日はお時間をいただき、 ありがとうございました	こちらで失礼いたします。 見送りの際は、部屋の前、エレベーター前、玄関先、車の前などまで送り、あいさつのあとお辞儀をする。

もちろん、相手が憤慨するほどではありませんが、これはかなり失礼な言い方です。前もってアポイントを取り、その時間に合わせて来社している相手を待たせるわけですから、「取り込んでおりまして」は、ぞんざいすぎます。

「こちらは約束を取りつけてきているんだ。なんで取り込んでいるのか知らないが、約束よりそっちを優先するわけだな。ずいぶん軽く見られたもんじゃないか」

相手が軽視されていると受け取っても無理はないのです。実際、「取り込んでいる」を使うのは、相手と対応したくないときが多いのではないでしょうか？　セールスや勧誘を撃退するときなどに、

「いま取り込んでいるので……」

と断った経験は誰にでも一度や二度はあるはずです。大切な仕事の相手に向けて使う言葉ではありませんね。

good

「大変申し訳ございません。プレゼンテーションが予定より長引いておりまして、15分ほどお待ちいただけますでしょうか？」

ポイントは待たせる理由を伝えることと「お待ちください」ではなく「お待ちいいた

だけますでしょうか？」のように、**お願いするニュアンスを感じさせる言い方をすること**です。それだけで、相手の心証はずいぶん違ったものになります。

また、相手に伝えた待ち時間よりさらに長引くときは、必ず、フォローをしておくこと。

「貴重なお時間を頂戴してしまい、本当に申し訳ございません。プレゼンが終わりしだい、駆けつけると申しております」

などの言い方がいいでしょう。その間、飲み物を出すのはもちろん、相手が手持ちぶさたの様子なら、自社の商品カタログなどを持参して「よろしければ、ご覧になってください」とすすめてみるといった心配りも忘れてはいけません。

「どの鈴木ですか？」は配慮不足

自分が所属する部署やチームには何人ものスタッフがいます。中には「同姓」の人が２人以上いる場合もあるでしょう。訪問者の応対に立ってあいさつを交わしたら、「鈴木さんにお目にかかりたいのですが……（お約束をいただいているのですが……）」と言われました。ここでどう対応するか。心得があるかどうかの正念場です。

「鈴木は2人います。どちらの鈴木ですか？」

相手がフルネームを知っていればこれでも用は足りますが、相手を迎える立場としては不親切という印象は残ります。やはり、こちら側から選択肢を提示すべきです。

good

「鈴木太郎でしょうか、それとも鈴木洋でしょうか？」

「営業の鈴木でしょうか、それとも販促の鈴木でしょうか？」

ファーストネームを示すか、仕事の内容を示せば、相手がフルネームを知らなくても判断ができます。もちろん、男女の鈴木がいる場合は「男性の鈴木ですか、女性ですか？」と聞くのが、一番わかりやすいでしょう。

「……で伺ってください」は相手に失礼

自社を訪ねてきた人に「こちらの商品カタログをいただきたいのですが……」と聞かれ、どのセクションが担当しているのかわからないといったとき、こんな言い方をします。

「私ではわかりかねますので、総務で伺ってみてください」

来訪者に精一杯の敬語を使ったつもりになっているかもしれませんが、これではとんだ失礼になっています。**「伺う」は相手に対する尊敬を示す言葉ではなく、自分がへりくだる立場にいるときに使う謙譲語**だからです。

仕事先を訪ねる際に「私が伺います」と言ったり、仕事相手の話を聞くときに「その件でしたら、私が伺わせていただきます」と使ったり、何かを尋ねるときに「詳しく伺わせていただけませんか？」という言い方をするのが「伺う」の正しい使い方です。

先の言い方では、来訪者に「総務にお伺いを立ててみたら？」と言っているようなもの。本来、敬うべき相手を下に見て上からものを言っていることになってしまいます。相手を立てるなら、

good

「総務でお尋ね（になって）ください」

「総務でお聞きいただけますか？」

というような表現をしなければいけません。

このケースのように、尊敬語を使うべきところで謙譲語を使ってしまっていることは、ビジネスシーンでは少なくありません。

「先ほど部長が申されたように……」

「○○様が参られました」

そういえば、うっかり使っていたと思い当たるフシはありませんか？　もちろん、これらは「部長がおっしゃったように……」であり、「○○様がいらっしゃいました」ですね。

敬語を正しく使うには、その行為や動作をするのが「誰なのか」をまず考えることです。それが自分（身内や自社の人間）の行為や動作である場合には謙譲語、相手の行為や動作である場合には尊敬語や丁寧語を使う。

この基本原則をしっかり頭に入れておけば、とんでもない間違いをして失態を演じることはなくなります。

「総務で聞くのは誰？」↓「来訪者だ」↓「だったら使うべきは尊敬語だ」。こうした回路ができていれば、敬語の使い手として一流といえます。

✕

総務で**伺って**みてください

↓ **謙譲語**の「伺って」を **尊敬語**に

〇

総務でお尋ねください

行為や動作の主体が「誰か」を意識しよう

「部長はお会いになれません」の横柄

仕事の交渉も一段落して、自社を訪れていた得意先の部長から申し出がありました。「ところで、○○部長はいらっしゃるかな。お時間があればせっかくだからお顔だけでも拝見していきたいのだが」

部長同士は旧知の間柄です。誘い合わせて昼食をともにすることも珍しくありません。早速、○○部長に連絡を取ってみると、その日はあいにく外出する予定があって時間はないとのこと。そのことを得意先の部長に伝えます。

bad

「部長は外出の予定が入っていて、お会いになれないとのことです」

得意先の部長は「それではまたの機会に」と何ごともなかったかのように席を立つかもしれませんが、心の中では苦笑しているに違いありません。さて、どこがおかしな敬語だったのでしょう。

自社の○○部長は、常々から敬語で接しなければいけない、と肝に銘じている相手です。その心がけはいいのですが、このケースでは裏目に出てしまいました。「お会いになれない」と○○部長に対して敬語を使ったのが不適切です。相手が社外の人だからです。

good

「部長は外出の予定が入っており、お目にかかれないと申しております」

苦笑されないためには、こんな言い方をすべきでした。ここには「おる」、「お目にかかる」、「申す」という3つの謙譲語が使われています。使うべきところを完璧にカバーしています。

さらに相手に配慮するなら、最初に「大変申し訳ございませんが」をつけるといいかもしれません。

身内と外部に対しての言い方を臨機応変に使い分ける。敬語に慣れていない人にはここがかなりの難関のようです。

「○○さんはいらっしゃいますか？」という問いかけにつられて、「あいにく、今日はいらっしゃいません」と答えてしまっているケースが、社会人になったばかりの人たちには結構見受けられます。

もちろん、よく考えれば誰でも「おかしいな」と気づきますが、会話はテンポをもって進みますから、ついつい〝オウム返し〟的に間違った敬語が飛び出してしまうのでしょう。「いらっしゃいますか？」↓「おりません」くらいは条件反射的に反応できるようになってほしいものですが……。

「〇〇はお休みをいただいております」は間違い

ルートセールスなどではアポイントを取らずに得意先を訪ねることがあります。いつものように受付で担当者への面会を申し込んだところ、相手が休暇を取っていて不在。受付の人の応対は、だいたいこのようなものでしょう。

bad **「申し訳ございません。〇〇は本日、お休みをいただいております」**

十分に丁寧な言い方ですし、すっと耳に入りますが、実はこれは間違いです。もう一度よく見てください。「お休みをいただく」はヘンではありませんか？

休みは会社からもらったもので、面会を申し込んだ人からもらったものではありません。ここでは、ごくふつうの言い方で応対したほうがいいのです。

「〇〇は本日、休んでおります」

good

「休暇を取っております」

このケースは、敬語を使わなければと意識し過ぎたための間違いの典型といえます。

「お連れしました」に来訪客がギョッ！

上司に来訪客が到着したことを知らせたら、部屋にともなうようにとの指示。早速、上司の部屋まで来訪客をともない、ひとこと声をかけます。

bad

「○○様をお連れしました」

会社では珍しくないシチュエーションですし、対応にも落ち度はないように見えます。

たしかに、この対応も敬語の使い方も間

わずかなニュアンスの違いが印象を大きく左右することも。

違っているとはいえません。

しかし、来訪客の中には少なからず気分を害する人がいるかもしれないのです。その胸の内は、「私は、連れてこられたんだ」という、どこか釈然としない思いが渦巻いているに違いありません。もっといえば、「わざわざこちらから足を運んでいるのに、その扱いはないだろう」という憤《いきどお》りを感じているかもしれません。

できれば上司へのひとことは、こうあるべきでした。

good

「○○様をご案内いたしました」
「○○様においでいただきました」

ニュアンスの違いだけといってしまえばそれまでですが、この言い方と「お連れしました」という言い方では、来訪客が受け取る印象はまるで違います。「案内される」であれば、自分が大切にされているという気持ちになれますが、「連れていかれる」となると軽んじられている気分になるものです。

ヘタをすれば「連れていかれるなんて、事件の容疑者みたいじゃないか!」と受け取る人がいても不思議はありません。

こんな状況を思い浮かべてください。一流レストランに食事にいくと、テーブルまで係がエスコートしてくれます。その際、

「いらっしゃいませ。席までお連れいたします」

「いらっしゃいませ。席までご案内いたします（ご案内させていただきます）」

よほどのへそ曲がりでないかぎり、後者のほうを心地よく感じるはずです。

自分をその立場に置いてみると、正しい言い方、敬語の使い方が見えてきます。

自分がしてもらって心地いいことを相手に対してもする、というのも敬語の基本です。

「〇〇部長様をお願いできますでしょうか」ってＯＫ？

取引先の会社の受付で面会の申し込みをする場合、次の例文のうち、１つだけ正しくない言い方があります。それはどれだかわかりますか。

「営業部のＡ様とお約束をいただいております、△△と申します」

「営業部のＡ課長とお約束をいただいております、△△と申します」

「営業部のＡ課長様とお約束をいただいております、△△と申します」

この3つの例文の違いは「相手の名前の呼び方」です。

「A様」という言い方は、顧客の名前を呼ぶときに広く一般的に使われます。また、「A課長」という言い方も、相手に役職がある際はよく用いられるものです。

では、「A課長様」という言い方について考えてみましょう。

「様」「さん」「君」「殿」などのように、名前のあとにつけて、相手に敬意を表すものを「敬称」といいます。「課長」「部長」「専務」「社長」といった役職名も敬称の仲間です。

「さん」や「様」は単独で使うことはできませんが、役職名はそのまま相手を呼ぶ際に使うことができます。ですから、上司にAという部長がいたとすれば、「A部長、お客様がお見えです」でも、「部長、お客様がお見えです」といってもどちらも間違いではありません。

しかし、**「さん」や「様」といった種類の敬称と「部長」「課長」といった役職名の敬称を重ねて使うことはできません。**なぜなら、二重の敬語になってしまうからです。

顧客には必ず「様」をつけるといった習慣が「部長」や「課長」といった役職名

●人に対する敬称

両親	ご両親	ご両親様
夫	ご主人	ご主人様
妻	奥様	ご令室
息子	ご子息	ご令息
娘	お嬢様	ご令嬢
父	お父様	ご尊父様
母	お母様	ご母堂様

敬意の程度 → 高

人への敬称は、ビジネス上のつき合いや手紙などの文書などで使用することが多くある。

にまでおよんでしまっているのが「A部長様」という言い方なのです。電話などで、

bad

「恐れ入りますが、○○部長様をお願いできますでしょうか」

のように使ってしまいがちなので注意が必要です。

ただし、「主任補佐」「課長代理」というような役職名の場合には、あえて役職名をつけずに、「○○さん」「○○様」といった呼び方をすることもあります。

なぜなら、これらの役職名はＮｏ．１でなくＮｏ．２であるというニュアンスがあるため、口に出して言うと「補佐」や「代理」といった部分が強調されてしまうからです。

ビジネスメールの基本

ビジネスメールを通じて相手とよりいい関係を築くための基本について解説します。

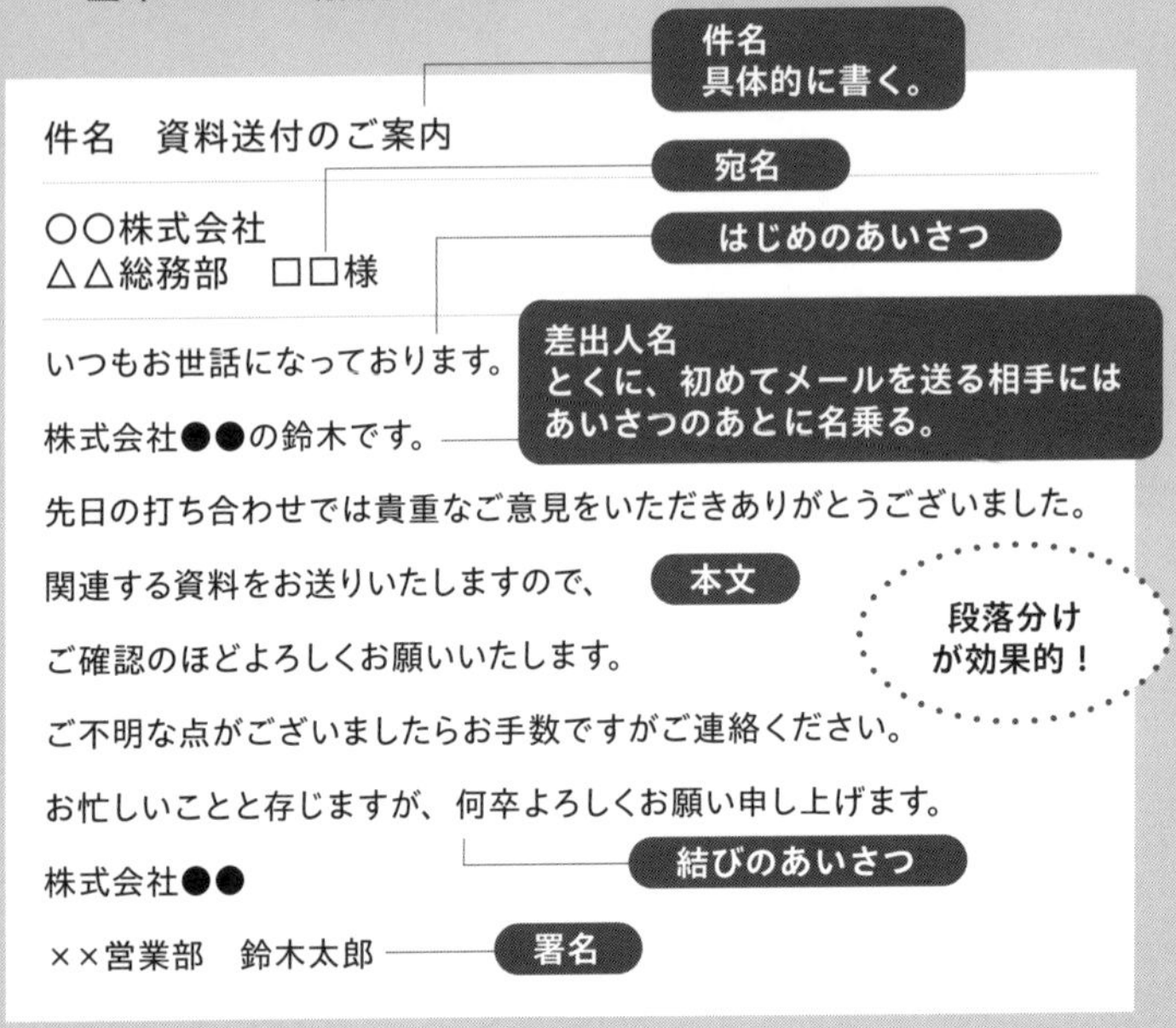

具体的に書く。
件名　資料送付のご案内

○○株式会社
△△総務部　□□様

株式会社●●の鈴木です。
先日の打ち合わせでは貴重なご意見をいただきありがとうございました。
関連する資料をお送りいたしますので、
段落分けが効果的！

ご確認のほどよろしくお願いいたします。
ご不明な点がございましたらお手数ですがご連絡ください。
お忙しいことと存じますが、何卒よろしくお願い申し上げます。

株式会社●●
××営業部　鈴木太郎

はじめのあいさつ

定型句

- いつもお世話になっております
とくに、初めてメールを送る相手にはあいさつのあとに名乗る。
- ご無沙汰しておりますが、お元気でご活躍のことと存じます
- 突然のメールで失礼いたします

結びのあいさつ

定型句

- 今後ともよろしくお願いいたします
- 何卒よろしくお願い申し上げます
- 引き続きよろしくご協力を賜りたくお願いいたします

第３章

電話対応で役立つ敬語の使い方

会社の顔！電話対応の基本の流れ

●電話をかけるときの基本の流れ

❶ 事前に用件などをメモにしておく

↓

❷ まずは「お世話になっております」などのあいさつの言葉を述べる

↓

❸ 自分の社名と名前を名乗ってから用件を伝える

↓

❹ 電話をかけた側が先に切る。受話器は静かに置く

ビジネス電話で「もしもし」はNG！

電話でのコミュニケーションの特徴

電話でのコミュニケーションは、相手の顔が見えないぶん、丁寧な対応が求められます。

ビジネスシーンとなればなおさらです。

電話の特徴としては、以下が挙げられます。

①声と言葉だけのやり取りである

②相手の状況がわからない

③コスト（電話代）がかかっている

④個人の応対が会社の代表としての対応に

●電話を受けるときの基本の流れ

❶ メモを常備しておく。

↓

- ●3コール以内に出る
- ●3コールを過ぎた場合は「お待たせいたしました」と前置きを入れる

❷ 明瞭な声で、丁寧に自社名を名乗る

↓

❸ 相手の名前、用件などを書きとめる

↓

❹ 用件などは復唱し、自分の名前とともに「○○が承りました」と伝える

↓

❺ 相手が電話を終了したのを確認してから、 受話器を置く

なる

⑤不特定多数の相手からかかってくる

電話対応のポイント

ビジネス電話に要求されるのは、好感度、正確さ、簡潔さです。

先に挙げた電話の特徴を考慮すると、まずは、適度な速さで話し、復唱確認やメモを残すように心がけ、できるだけ短時間ですむようにするのが前提です。

さらに、明るい声でハキハキと話し、どんな相手にも丁寧に対応することが大切になってきます。まずは、基本の流れを把握しておくと、落ち着いて対応できるでしょう。

電話をかけるときの基本

「お世話になっております」の落とし穴

オフィスで電話を取ったら、まず社名や部署名を告げるのが常識です。「はい、○○商事でございます」「はい、営業2課でございます」という具合です。先方が名乗ったら、次の慣用句がビジネスでの電話のマニュアルになっています。

「いつもお世話になっております（お世話様でございます）」

この言い方自体は正しい敬語です。かけた相手も、すぐにこのフレーズで応対してくれるのとそうでないのとでは気分も違ってきます。ただし、状況によっては相手を困惑させてしまうこともあるので、注意しなければいけません。

自分が電話をするときのことを考えてみましょう。それまで取り引きのない会社に初めて電話をかけるという場面です。社名と名前を告げたとたんに、「いつもお世話になっております」という言葉が返ってきたら、一瞬、対応に迷いませんか？

「これまで仕事上のつき合いはまったくないのだから、お世話をしたおぼえはないんだがなぁ」

実際はこちらも同じように「お世話になっております」と返すことになるのでしょうが、何かすっきりしない気分です。その理由を考えてみると、相手がこちらが誰であるかということはおかまいなしに、機械的に電話を受けている感じがするからではないでしょうか。

機械的な言葉はどんなに丁寧でも空虚です。このあたりは慣用句の落とし穴といえる

お電話
ありがとうございます
いつもお世話に
なっております
おはようございます
相手や状況に配慮したあいさつが◎。

かもしれませんね。
もう少し相手に配慮した、こまやかな対応が望まれます。それまでつき合いのない会社の人からの電話だとわかったら、

「お電話ありがとうございます」

という言い方がベスト。これなら相手にも電話を感謝の気持ちで受けとめているという様子が端的に伝わりますし、機械的な受けこたえという印象も与えません。

つき合いのあるなしによってあいさつを使い分けるのも、電話の応対では大切なポイントなのです。

また、午前中に電話を受けたときは、「おはようございます。○○商事でございます」という言い方も感じのいいものです。フレッシュな気持ちで仕事を始めているという雰囲気を感じさせます。

相手が出たらまず言うべきひとこと

電話をかけた相手が出たとき、まず、どんな言い方をしていますか？

「それは当然、自分の社名や名前を名乗るんじゃないか」

正解。自分の身分を明らかにすることから始めるのが電話の常識です。

「○○社の××です」ということでもいいと思いますが、

「恐れ入ります。○○社の××でございます」

と冒頭に「恐れ入ります」をつけたほうが、より好印象ですし、敬語としても練れた感じがします。そのあとに、「いつもお世話になっております」などのあいさつが続き、本題に入るという人が多いのではないでしょうか。しかし、本題に入る前にぜひ言うべきひとことがあります。

「いま、お電話よろしいでしょうか？」

good

「いま、お時間を頂戴できますか？」

というのがそれです。電話ではそのとき相手がどのような状況にあるかがわかりません。仕事に忙殺されているかもしれませんし、商談や会議の真っただ中かもしれません。とくに、携帯電話にかけた場合は、車を運転中ということも考えられますし、電車内とか携帯電話使用禁止のレストランで食事中という場合だってあるわけです。

	〈時間別〉電話あいさつのマナー
朝	朝早くに申し訳ございません
昼	昼休み中に失礼いたします
夕方	お忙しい時間帯に恐縮です
夜間	遅い時間に申し訳ございません
	夜分に恐れ入ります

相手が電話に出たら、「話せる状況にある」と決めてかかりがちですが、それはこちらの勝手な思い込みに過ぎないのです。

こちらが本題を話し始めてしまったら、相手はさえぎりにくくなります。仕方なく仕事の手をとめて応対したり、食事を途中でやめてレストランの外に出て応じたりするかもしれません。こちらに表情は見えませんが、おそらく〝苦虫をかみつぶしている〟に違いありません。もちろん、「気配りができない人だな」と思われるでしょう。

相手が話せる状況にあるかどうかの確認は、電話をかける側の基本的な配慮です。

しかし、案外、それが忘れられていること

が多いのです。できれば、
「いま3分ほどお電話よろしいでしょうか？」
「少々お時間を頂戴することになりますが、よろしいですか？」
など、電話で相手を〝拘束〟する時間も伝えるといいですね。

「お声が小さいのですが……」は相手への配慮不足

相手と直接向き合っていないだけに、電話では勘違いや認知のミスが起きやすいといえます。

「では、そういうことで、よろしくお願いします」と電話を切った当人同士が「そういうこと」の意味をまったく取り違えているといったケースもありがちです。

とくに、電話の声が小さくて聞こえにくいときは要注意。そのままにしておかず、大きな声で話してもらうように頼みましょう。しかし、

bad
「申し訳ありません。お声が小さくて聞こえにくいのですが……」

この言い方は感心しません。事実はそうであっても、**相手の非を指摘し、それを責**

めるような表現はビジネス場面ではタブーだからです。このケースでは、非は電話にあることにするのが正解です。

good

「申し訳ありません。お電話が遠いようなのですが……」

これなら相手を責めることにはなりませんし、言外の意味を察して、相手は大きな声で話してくれるはず。相手を思いやる日本流の言い回しといえるでしょう。

名前を正確に伝えるコツ

ビジネスのつき合いは初対面のときの名刺交換に始まります。名刺によってお互いに相手の名前を正しくインプットできるわけですが、初めてのあいさつを電話でする場合は、名刺がないだけに厄介。とくに、混同しやすい名前や珍しい名前は正確に伝えるための工夫をする必要がありそうです。

例えば、「七種（さいくさ）」という苗字があります。

「初めまして。私、○○社のさいくさと申しますが……」

と電話で自己紹介をしたとすれば、「三枝（さえぐさ）」と取り違えられる可能性は

●名前の伝え方の工夫

- 「さしすせその“さ”に……」というように一音ずつ確認しながら伝える
- アルファベットで伝える
- 漢字を連想しやすい熟語などを使って伝える

明瞭な声で少しゆっくりと話そう

大きいと思います。**正確に伝えるためには、どう書くかを説明しながら、ゆっくり名乗るのが間違いを避けるコツ。**

「○○社のさいくさと申します。数字の『七』に花の種の『種』と書いて、さ・い・く・さと読みます」

これで相手も「さえぐさ」と取り違えることはないはずです。

「佐相（さそう）」なども、よくある苗字の「佐藤」と間違えやすいものも「人偏に左の『佐』に相談の『相』と書いてさ・そ・うと申します」と説明すると、相手への配慮も感じられますし、間違えられる可能性はかなり減るでしょう。

要領を得ない相手への対処法

電話で必要な情報の問い合わせをしたり、仕事の打ち合わせをしたりすることは珍しくありません。

相手が打てば響くような応対をしてくれれば、話もスムーズに進み、時間をムダにせずにこちらの目的を達することができますが、いっこうに要領を得ない相手の場合は問題です。こちらの意向を説明してもなかなか理解できず、何度も同じ説明を繰り返さなければならないといったときには、正直、頭を抱えてしまいます。

しかし、相手は他社の人間。「あなたじゃ話にならないんだよ」とは言えません。角《かど》が立たないように、もう少し話がわかる人に電話を代わってもらうには、どんな言い方をしたらいいでしょうか。

good

「恐れ入ります。お話がわかる方に代わっていただけないでしょうか？」

ここは単刀直入に要望を伝える他はないでしょう。きちんと敬語を使った丁重な言い方なら、失礼に当たることはありません。

電話に立派な敬語はいらない

声だけのコミュニケーションである電話のやり取りでは、ちょっとした敬語の間違いがけっこう記憶に残ります。「おっしゃる」と言うべきところを「申される」と言ってしまったり、「お会いいただきたい」とすべきところを「お会いしていただきたい」としてしまったりすると、相手は「あっ、間違った！」とよくわかるものです。

顔を合わせる面談よりも敬語づかいに神経を使う必要があるのが電話だといっていいでしょう。しかし、その意識が過剰になると思わぬ失敗につながります。

bad

「先日ご下問《かもん》があった件でございますが、今月末を目途にご高覧いただけるよう、検討しております」

〝みごと〟な敬語です。こうして文字にすれば意味の判読は難しくありませんが、音だけを聞く電話ではどうでしょうか。

「センジツゴカモンガアッタケンデゴザイマスガ、コンゲツスエヲモクトニゴコウランイタダケルヨウ、ケントウシテオリマス」

電話の相手にはこう聞こえています。「ゴカモン?↓ご家紋?」、「モクト↓?・?」、「ゴコウラン↓五個?・?」。とんでもない誤解が生まれるということはないでしょうが、日常的にあまり耳にしない言葉は、音だけではわかりにくいところがあります。**立派な（気取った?）敬語は電話ではむしろ、コミュニケーションを妨げるところがある**のではないでしょうか。先の例も、

good

「先日ご質問があった件ですが、今月末を目途《めど》にご覧いただけるよう、検討しております」

こんな言い方なら、意味を理解するのに戸惑うことはありません。日常的に誰もが使っている敬語でも、相手を尊重し、礼儀に外れない言い方はいくらでもできます。

「ご高配いただく」↓「お心配りをいただく」
「ご賢察のとおり」↓「お察しのとおり」
「ご下命のように」↓「ご指示いただいたように」

立派な敬語を知っていることはいいことですが、使いどころを誤るとかえって意志の疎通を欠くことがあるのを、忘れないでください。

まとまらない話をまとめるコツ

電話で少し長い話をするときは、内容をあらかじめメモにするなどして、理路整然と話すことが大切です。しかし、中には出たとこ勝負で話が横道にそれたり、前に戻ったり、とんでもない方向に広がったりして、結局何が言いたいのかわからない人がいます。しかも、当人は自分の話が首尾一貫していると信じて疑わないから始末が悪いのです。そうしたケースでは**こちらが主導権を取り、話の要点をまとめて、相手に確認を取るという手順で話を進めるのが一番です。**

good

「いまのお話は、もう一度企画を練り直して、再度、お打ち合わせをさせていただくと理解してよろしいでしょうか？」

「御社のご意向は、流通部門でのコストダウンを図りたいというところにある、と考えてよろしいですか？」

本音は「話にまとまりがなくて、何を言ってるのかわからないんですよ」というところですが、大人の言い方をするのがビジネスのマナーです。

自社の上司に電話報告の際の注意点

外出先から自社の上司に電話で報告をするとき、どの程度の敬語を使ったらいいのか迷うことがあります。自社にかけた電話では、出た相手が誰でも「お疲れ様です。営業2課の○○です」と名乗るのが常識になっています。その後、報告すべき上司に取り次いでもらうわけですが、自社の人間だからといって、

「部長、いますか？」

では困ります。**電話でも上司に対する敬意をきちんと表した言い方をしましょう。**

good

「部長、いらっしゃいますか？（おられますか？）」

取り次いでもらった上司が電話に出たら、「○○です。お疲れ様です」と伝えます。

その後、報告すべき内容を話しますが、その前に電話口まで呼び立てたことに対して、ひとことあってしかるべきです。

「お呼び立てして申し訳ありません」

このフレーズが、いわばツボ。心得た部下はこのフレーズを忘れません。

「伝えてくれますか?」は敬語ではない

電話をかけた相手があいにく不在の場合は、伝言を頼むことがあるでしょう。

「○○様が戻られたら、電話をくださいと伝えてくれますか?」

聞き流してしまえば、どこといって抵抗はないかもしれませんが、敬語表現としては中途半端といわざるを得ません。

「戻られたら」「ください」「伝えてくれますか?」のどれもが正しい敬語になっていません。「戻られたら」はまだ許容範囲ですが、「戻られましたら」「お戻りになったら」のほうが敬語としてははるかに適切です。

「ください」は「くれ」を丁寧に言っただけ。敬語にするには「いただく」でなければいけませんね。同じように「伝えてくれますか?」も「お伝えいただけますか?」としないと、相手を敬う表現にはなりません。修正してみましょう。

good

「○○様が戻られましたら、お電話をくださいますよう、お伝えいただけますか?」

最後の部分は「ご伝言いただけますか?」「ご伝言をお願いできますでしょうか?」

✕

○○様が戻られたら電話をくださいと伝えてくれますか？

「戻られたら」をさらに丁寧に、
「ください」を**謙譲語**に、
「伝えてくれますか？」を**謙譲語**に

○

○○様が戻られましたら、お電話をくださいますよう、お伝えいただけますか？

「○○様が戻られましたら、お電話をいただけますよう、伝えていただけますか？」でもOK。

と言いかえてもかまいません。

緊急に不在の相手と連絡を取る必要があるときは、どんな言い方になるでしょうか。

「急いでおります。○○様にすぐお電話をいただけるようお伝えいただけますか？」はやる気持ちは理解できますが、「急いでおります」はあまりに直接的ですし、「すぐ」という言葉も、相手にお願いごとをするケースにはそぐいません。

「急ぎ○○様にお話ししたいことがございます。恐縮ですが、折り返しお電話をいただけますよう、お伝えください」

これが、緊急性を相手に伝える的確な敬語表現です。

間違って別の人に取り次がれたら

会社にはたくさんの電話がかかってきますから、ときには、違った相手に取り次がれるケースもあります。

例えば、購入した商品について問い合わせたいことがある場合など、「〇〇の担当の方をお願いします」と頼んだのに、電話に出たのは別の課の人で、しかも状況がわかっていないのか、なかなか担当者に電話を取り次いでもらえないとします。こんな場合はどう言えばいいのでしょうか。

ポイントは、きちんとこちらの要望を伝えつつ、相手を責めるようなニュアンスの言い方は避けることです。そこで次のような言い方がいいでしょう。

good

「恐れ入ります。〇〇ご担当の方にあらためてお取り次ぎ願えませんでしょうか？」

自分が客の立場ということで、つい強い口調になる人がいますが、品位に欠けます。

上位の立場である客の側が敬語を使うことによって、会社はさらに丁寧な対応をするものです。

電話を受ける・取り次ぎの対応

名前を聞くのに「失礼ですが……」では不十分

電話を受けた相手が社名や自分の名前を名乗らないとき、どう対応しますか？
これもほとんどマニュアル化しています。

bad
「失礼ですが……」

というのが、ビジネスの場で定着している、相手に名乗ることを促す言い方です。ほとんどの場合、これで相手は「失礼いたしました。○○と申します（でございます）」と名乗るようになります。

だったら、どこにも支障はないじゃないかというわけですが、支障がないのはそこに「あ・うんの呼吸」が存在しているからです。

しかし、無条件に「あ・うんの呼吸」があると決めてかかるのは行き届いた対応とはいえないのではないでしょうか。

「失礼ですが……」に相手が思惑どおりの反応を示さなければ、「失礼ですが……」、「？？？」、「失礼ですが……」、「はぁ？？」という珍妙なやりとりが続くことだってないとはいえません。**略語化はやはり慎むべきです。**

「失礼ですが、お名前をお伺いしてもよろしいでしょうか？」
「失礼ですが、どちら様でいらっしゃいますか？」

相手の名前を聞くときは、簡略化せずに、きちんとこのような言い方をしましょう。

できるといわれるビジネスパーソンは安易な手抜きはしません。相手が名乗ったら「ありがとうございます。○○様でいらっしゃいますね」と確認します。

この確認作業をはしょると、「佐藤様だったかな、それとも佐相様だったっけ？」ということになりかねません。

さらに、取り次ぐ相手が不在で伝言を頼まれたといった場合は、相手が誰なのかわからなくなり、問題が起きることもあり得るでしょう。

「課長、佐藤様からお電話がありまして、折り返し連絡をいただきたいとのことでした」

言わなくてもわかると思い込むのは大間違い！

「佐藤様？　そんな人は知らないぞ」

トラブル発生です。

もしも、緊急に連絡が必要なケースであれば大失態ということになります。

名前が曖昧な場合は、電話の最後にもう一度聞くしかありません。

「申し訳ございませんが、もう一度お名前を伺わせていただけますか？」

ここでも「失礼ですが……」ですませないことが肝心。

相手の顔も表情も見えない電話でのやり取りだけに、正確で過不足のない言い方をするのが鉄則です。

取り次ぎは状況が読めるかどうかがポイント

自分が受けた電話を他の人に取り次ぐケースでは、状況を読む力が要求されます。デスクにいるのを目で確認できたときは、

good

「少々お待ちください。ただいま〇〇と代わります」

が適切です。姿が見えないときは「少々お待ちいただけますか？」と相手の了解を取り、すばやく状況を読みます。外出中であれば、それを伝えますが、相手がどの程度の緊急性で当人と連絡を取る必要があるのかを確かめることも必要です。

「〇〇は外出しておりますが、お急ぎでしょうか？」

と尋ね、すぐに連絡を取りたいという意向なら、こちらから当人と連絡を取り、折り返し電話を入れるよう伝えます。そのときの言い方は、

「〇〇と連絡が取れしだい、お電話を差し上げるように伝えます」

相手に携帯電話の番号を教え、直接連絡を取ってもらうという方法は控えるのがビジネスの常識。携帯電話にはプライベートな要素もあり、教えていいかどうかの判断

は本人がすべきでしょう。もちろん、電話の相手が番号を知っていて、「それなら携帯電話におかけしてみます」と言えば、直接連絡してもらってかまいません。

当人が会議や打ち合わせで電話に出られないなら、「申し訳ございません。ただいま会議中でおつなぎできません」と応対するしかありませんが、それで切ってしまうのは配慮不足。その後、どのような対応をすればいいのかを確認するのが礼儀です。

good

「会議が終わりしだい、○○からお電話を差し上げるように伝えましょうか？」

「1時間ほどで会議は終了する予定になっております。いかがいたしましょうか？」

などの言い方が考えられます。相手には伝言があるかもしれませんから、

「ご伝言があれば、承って（お伺いして）おきますが……」

というひとことを添えるとなおいいでしょう。いずれにしても、**電話を保留にして相手を待たせるのは1分間以内にします。**一生懸命に当人の所在を確認しているとしても、それはこちらの都合で、相手はただ「待たされている」と感じているだけです。

所在確認が長引くようなら、「申し訳ありません。しばらく時間がかかりそうなので、こちらから折り返しお電話させていただきます」といった対応に切りかえます。

「席を外しております」が失礼になるとき

仕事先からの電話を受けました。先方が名指しした相手を探しましたが、デスクには見当たりません。そのことを電話の相手に告げます。

bad
「申し訳ございませんが、○○は席を外しております」

最初に謝罪し、当人がいないことを「席を外している」という言い方で伝える。ビジネス敬語としては適切です。しかし、電話をかけてきた相手に対して十分な情報を伝えているかどうかという点から見ると、これでは合格点はつけられません。

当人が、社内にいてすぐに戻るのか、外出しているのか、それとも出張や休暇などで出社していないのか、といったことは、相手にまったくわからないからです。

電話の相手はそうした情報が欲しいのです。「少々、お待ちいただけますか？」と電話を保留にして、情報収集をすべきでしょう。

トイレなどで席を外していてすぐに戻るようなときは、

「申し訳ございません。○○はただいま席を外しておりますが、５分ほどで戻ります」

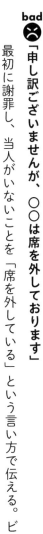

●担当者不在時の対応

担当者の所在やいま現在対応できるかを確認する。
電話は「保留」の状態に。

不在を確認したら……

謝罪　「申し訳ございません」

報告 1　「○○は外出しておりまして」

「○○は席を外しておりますが」

休暇の理由や、
具体的な外出先については言及しない！

報告 2　「○○ごろ戻る予定です」

「明日には出社いたします」

急ぎの場合
担当者の代わりに用件を聞く

「申し訳ございません。
私でお差支えなければ承りますが」

急ぎでない場合

「こちらから折り返しご連絡させていただきましょうか」
「よろしければご伝言を承ります」

これが合格レベルの対応です。さらに先方の都合を聞ければ点数はアップ。

「～5分ほどで戻ります。折り返しご連絡を差し上げるようにいたしましょうか？」

こう続ければ、先方は「お願いします」とか「こちらからもう一度、連絡させていただきます」などの対応ができます。外出していれば、

「○○はただいま外出しておりまして、午後3時に戻る予定でございます。いかがいたしましょうか？」

などの言い方をすべきですし、出張なら、

「○○は出張に出ております。明日には出社いたしますのでよろしくお願いいたします」

と出社する日をはっきり伝えることが必要です。

「席を外しております」だけですませて、相手に何度も電話をかけさせたあげく、その日は社には戻らないとわかったという事態になったら、失礼このうえない対応といわざるを得ません。**「席を外しております」というフレーズは、相手が必要としている情報を伝えるものではない**ことを、よく頭に入れておきましょう。

伝言を預かったときの必須フレーズ

電話がかかってきた当人が不在で、先方が伝言を残したいというケースがあります。

そのとき大切なのは、**伝言内容を頭で記憶しようとせず、必ずメモに書きとめることです。**すばやくメモとボールペンを用意して、「お願いいたします」と促します。

メモを取り終えたら、復唱するのが鉄則です。

「○○商事営業2課の××様。復唱させていただきます。明日の午後2時のお約束を3時に変更なさりたい。それでよろしいでしょうか？」

伝言内容が確認できたら、自分の所属と名前を伝え、たしかに伝言を預かったことを先方に告げて電話を切ります。

good

「営業1課の△△がたしかにご伝言を承りました」

これは必須フレーズです。万一、手違いがあったときなど責任の所在をはっきりしておくのはビジネスの常識。先方も伝言を預けた相手が誰かわからないと不安を感じてしまいます。メモには電話を受けた時間も忘れずに書いておきましょう。

「お電話代わりました」の前に言うべきひとこと

他の人が受けた自分への電話を回してもらったとき、最初に言うフレーズはなんでしょうか。何度も経験していることですから、こたえは簡単でしょう。

「お電話代わりました。○○です（でございます）」

もっとも常識的なものがこれ。広く通用している受け答えですし、失礼に当たることもありません。しかし、たとえわずかな時間であっても、電話をかけてきた相手を待たせたことに対するフォローはされていません。待つ側にとって、時間は長く感じられるもの。そのフォローは必要ではないでしょうか。

good **「お待たせいたしました。お電話代わりました〜」**

この言い方のほうが相手にいい印象を与えると思いませんか？　電話を代わったことは声で相手にもわかりますから、「お待たせいたしました。○○です」と「お電話代わりました」の部分は省いてもいいかもしれません。**まず、相手に対する気づかいを言葉にする。ビジネスシーンでは、そこが大きなポイントになります。**

“遅刻”は電話の会話では禁句

仕事に向き合う姿勢として無遅刻・無欠勤がもっとも望ましいことは言うまでもありません。しかし、ときには始業時間に間に合わないこともあるでしょう。そんなときにかぎって、遅刻した人に仕事相手から電話が入ったりするから不思議です。

その際、

bad

「申し訳ありません。○○は遅刻しておりまして、9時半には出社すると思いますが……」

と事実をありのままに伝える応対はどうでしょう。

敬語としての形はきちんとしていますが、相手はどんな印象をもつでしょうか。「○○さんは遅刻することもあるんだ。もしかしたら常習犯かもしれない。仕事相手としてはあまり信頼が置けないぞ」。こんな印象を相手が抱いてしまうことになりませんか？

「遅刻」という言葉は使わないのが原則です。このケースでは、次のような言い方をすべきでしょう。

good

「申し訳ありません。〇〇は立ち寄りをしておりまして、出社は9時半の予定です」

これなら自社の人間にマイナスイメージはつきませんし、かえって「立ち寄りで9時半出社ということは、ずいぶん早くから仕事をしているんだ」と評価が上がりそうです。

間違い電話の対応で品格が知れる

１日に何十件とかかってくる電話の中には間違い電話が紛れ込んでいるかもしれません。

忙しく仕事をしているのに迷惑な話ですが、相手も故意ではないのですから、品のある対応をしたいものです。

「番号間違ってませんか？」

とガチャンと電話を切ってしまうのは気の毒。やんわりと相手が間違いに気づくような言い方をすべきでしょう。

●間違い電話への対応例

間違い電話は、大きく分けて、かける会社自体を間違えている場合と、部署を間違えている場合があります。

会社を間違えている場合

こちらは□□社でございます。失礼ですが、
電話番号は何番におかけでいらっしゃいますか？

こちらは××番の□□社でございます。
おかけ間違いではありませんか？

部署を間違えている場合

こちらの○○部には△△という者は在籍しておりません。
お手数ですが、△△のフルネームを
教えていただいてもよろしいでしょうか

「失礼ですが、何番におかけでいらっしゃいますか？」

声も相手を咎《とが》める調子ではなく、「間違いは誰にでもありますよ」という雰囲気を感じさせるソフトなトーンがいいですね。

間違えたことで相手は少なからず恐縮しているわけですから、その気持ちを救ってあげるくらいの度量の広さを見せましょう。

あるいは、

「こちらは×××……番の○○社でございます。おかけ間違いではありませんか？」

という言い方もいいでしょう。また、電話を切る際には「失礼いたします」とあいさつし、最後まで丁寧に対応します。

クレーム電話は最初の対応がカギになる

顧客から、「お宅の○○（商品名）のことで電話したんだけどね」と怒った口調で電話がかかってきたとします。

さて、こんなとき最初になんと言うのがいいでしょう。

電話をかけてきた相手が感情的になっていると、受けたほうも気持ちが高ぶって、つい、

「はい、何か問題がございましたでしょうか？」

「はい、クレームのお電話でしょうか？」

「いかがなさいましたか？」

「○○の商品に何か不都合がございましたでしょうか？」

などと慌てて言ってしまうことがあります。


しかし、先方はまだ「○○のことで電話をした」としか言っていません。その段階で、こちらが勝手に、「クレームの電話だ」と決めつけてしまうのは賢明ではありません。

クレーム対応では、まずは顧客の心情や不満となった出来事・対象、要望などを確認することが大切です。慌てて、このような対応をすると、「やっぱりこの会社の商品は欠陥が多いんだ」とか、「この商品はクレームが相次いでいるのだな」と思われてしまうかもしれません。

また、「クレームのお電話……」などという言い方は言語道断です。クレームという言葉は一般的に「苦情」という意味ですから、顧客に喧嘩を売っているようなものでしょう。

こんなときこそ、まずは自社の商品やサービスを選んでいただいたことにお礼を言いましょう。

good

「この度はお買い上げいただきありがとうございます」

「ご利用いただきありがとうございます」

「ご愛顧いただきありがとうございます」

最初に「ありがとうございました」と礼を言われると、顧客の怒りの感情がふっとやわらぐ効果もあるのです。

クレーム電話で担当者が不在なら

誰でもクレームの電話は「取りたくない」と思うものです。クレーム対応の専門書やセミナーがあるほどですから、よほど熟練した対応が必要とされるとなれば、敬遠したくなる気持ちもわかります。

しかし、どんなに怒鳴り散らされたとしても、電話の中から相手が飛び出してきて暴力を振るうことはないのですから、冷静な気持ちで対応するように心がけましょう。

さて、クレーム電話を受けたけれど、あいにく担当者が不在の場合、「申し訳ありません、担当者はただいま外出しております」という言葉に続けて、どんなことを言えばいいでしょうか。

bad
「代わって私が伺いますので、どうぞお話しください」
「私、同じ部署の○○と申します。一応私が伺っておきます」

good
「私、同じ部署の○○と申します。もしよろしければお聞かせ願えませんでしょうか?」

クレームの電話を入れてくる顧客は、少なからず胸に不満を抱えています。「担当

●担当者不在時の基本と心づかい

相手の話を最後まで聞く

相手に対する理解や共感を態度で示すのが基本。

↓

相手の意図を確認しながら話を聞く

途中で、相手の話を要約して質問しながら、齟齬（そご）がないように配慮する。

↓

お礼とお詫びを伝える

わざわざ電話をもらったこと、貴重な意見へのお礼とともに、不快な思いをさせてしまったことへのお詫びも述べる。

者が不在」となれば、さらにいらだたしく思うことは想像に難くありませんね。だからこそ、**ここはできるかぎり丁重な言葉づかいを心がけなくてはいけないのです。**

1番目の「私が伺いますので……」は、まず「私」という部分が間違いです。

電話でいきなり「私」と言われても、相手は誰のことかわかりません。

必ず自分の部署と氏名を名乗るのが礼儀です。また、「伺いますので、お話しください」という言い方からは謝罪の気持ちが感じられません。

たしかに、詳しい話を聞かない時点ではどちらに落ち度があるかわかりません。

しかし、顧客を不快な気持ちにさせたのはたしかなのですから、「わざわざ電話をかけさせてしまって申し訳ない」という気持ちが伝わるような言葉を選びましょう。

２番目の「一応私が伺っておきます」という言い方も問題ありです。「一応」には「十分とはいえないけれど、とりあえず」という意味があるので、お客様に対してかなり失礼な言葉といえるでしょう。

ここでの正しい応対は３番目。

まずは大前提として、きちんと自分の所属と氏名を名乗っていること。なおかつ顧客の話を「聞いてやる」という態度ではなく、「聞かせていただきたい」としているところがポイントなのです。

「そんなはずはございません」と相手を責めるのは禁じ手

かつて、パソコンは一部の技術系の人が使うものでしたが、現在では幅広い層の人たちに使われるようになりました。

また、デジタル家電なども進化し、「誰でも簡単に使える」「初めてでも安心」などのキャッチフレーズで販売されていますが、いくら操作が簡単といっても、素人の手に負えなくなることもあります。

顧客から「取扱説明書どおりにやっているのに、ちっとも動かないんですけど」と電話がかかってきたとします。その場合はどんな応対をすればいいでしょう。

bad
「そんなはずはございません。取扱説明書のとおりに操作すれば作動いたします」
「取説の○○ページをよくお読みになりましたか？」

good
「私どもの説明が不足していたため、お客様には大変ご迷惑をおかけしました」

では1番目のこたえ方から考えてみましょう。この例文の問題点は、顧客を責めているということです。

顧客は必死で取扱説明書を読み、慣れないながらも一生懸命に操作し、それでもどうしていいかわからなくなって電話をかけてきています。

そこで「そんなはずはございません」と否定の言葉を投げかけられたら、どんな気持ちになるでしょう。普通なら「二度とこの会社の商品は買ってやるものか！」と思うはずです。

クレームの電話は顧客の気持ちに添うことが一番大切ですから、開口一番否定するなど、もってのほかです。

２番目のこたえ方も同様で、「きちんと読んでいないからわからないんじゃないですか？」と相手を責めているように聞こえます。

また、取扱説明書のことを「取説（とりせつ）」と略語で話しているのもいけません。略語を使う習慣のない人は意味を理解できない場合もあるので、きちんと「操作方法の手引き」「使い方のご案内」のように、取扱説明書のタイトルを伝える必要があります。

では、３番目のこたえ方はどうでしょうか。辞書のようにこまかい文字でびっしりと専門用語が書かれた説明書に対して、「説明が不足しており……」というこたえ方は矛盾しているように思えるかもしれませんが、この場合の対応で適切なのは３番目のこたえ方なのです。

なぜなら、顧客が読んでわからないような情報では、まだまだ説明が足りないと考えられるからです。

クレームのときは顧客に抵抗しない

「商品の使い方がわからない」「商品が届かない」「届いた商品が違っていた」「従業員の態度に腹が立った」など、クレームの種類はさまざまです。しかし、どんなクレームであっても、顧客の立場になり、顧客の気持ちに添って、少しでも不快な気持ちを解消するために努力しなくてはなりません。

クレームの内容によっては、顧客に落ち度がある場合もあります。そのため「ヘタに謝ってこっちに責任を負わされてはいけない」という気持ちばかりが先行してしまい、

bad

「そんなはずはないのですが……」
「お客様のようにおっしゃる方は初めてです」

このように、相手を責めるような人もいます。しかしこれらの発言は、ただでさえ満足しない人を腹立たしい状態にするだけです。**非がどちらにあるかはとりあえず置いておき、まずは顧客の話をじっくり聞き、その気持ちを受け入れることから始める必要があるのです。**

●クレーム対応でのNGフレーズ

●「でも」「しかし」「だから」「ですから」「そうおっしゃいましても」
●「先ほども申し上げましたが」
●「当社にも事情がございまして」
●「そのようなことは考えられません」
●「そんなはずはございません」
●「勘違いではないでしょうか？」

では、顧客から「商品が到着したけれど、箱を開けたら中身が壊れていた」という連絡が入ったとします。こんな場合、どんな応対をすべきでしょうか。

「どの部分が壊れているかを詳しくお聞かせ願えますか？」

と、商品の破損状況を聞いて、今後の参考にする。

「配達業者は乱暴に扱っていませんでしたか？」

と聞き、どの時点で壊れたのかを調査する。

good

「お怪我はございませんか？」

と、顧客の心配をする。

注文した品が送られてきて箱を開けるとき

はなんだかワクワクしますね。「今日届くか、明日届くか」と楽しみにする人もいるでしょう。しかし、その商品が壊れていたのですから落胆は大きいはず。

そんなときに、担当者がどこが壊れていたか、配達業者の扱いがどうだったかなど商品のことばかり気にしていれば、顧客はさらにがっかりしてしまうでしょう。

商売は顧客があってのものです。まずは、顧客の様子を心配することが大切なのです。

不当クレームへの対処法

クレーマーと呼ばれる人たちからは、どう見てもこじつけとしか思えないようなクレームをつけられるケースもあります。

しかし、「そんなことは文句を言われる筋合いじゃない！」という気持ちになっても、電話口ではおくびにも出してはいけません。何を言われようと、相手の気がすむまで話を聞くのが対処法の第1ステップです。

ひととおり聞き終えたら、こちらの言い分を伝えますが、いきなり始めるのは相手を刺激するだけ。相手の話に納得したことを伝えます。

good

「おっしゃることはごもっともでございます。ただ～（反論）」

「お怒りになるのは当然でございます。しかし～（反論）」

この"納得フレーズ"がクレーマー対策の最高の武器です。「ごもっとも」「当然」と言われれば、相手の気持ちも鎮まりますし、少しはこちらの話に耳を傾けようという姿勢にもなるものです。売り言葉に買い言葉的な対応は火に油を注ぐだけです。

顧客対応でたらい回しは最悪！

会社には仕事の関係者以外からも電話がかかってきます。その代表的なものが顧客からの問い合わせやクレームでしょう。

顧客はシビアですから、そんな電話に対する対応いかんで商品の評価、会社の評価をくだします。自分が対応できる案件に関しては、

good

「その件につきましては、商品管理課の私、○○（自分の名前）が伺わせていただきます」

自分の所属と名前を告げるのがこの言い方でのポイントです。

「私が伺わせていただきます」だけでは、顧客がさらに問い合わせをしたいときに、どこの課の誰に電話をすればいいのかがわかりません。**所属と名前を明確にしておくことで、顧客への便宜が図られます。**

電話を終えるときには、こんな言い方をしましょう。

「貴重なご意見ありがとうございました。ぜひ、今後に活かして参りたいと存じます」

顧客の意見によらず、わざわざ電話をしてくれたことに感謝を述べ、あわせて、会社はその意見を真摯《しんし》に受けとめるという点を伝えます。

顧客は自分の意見が無視されるのをもっとも嫌います。結びのこのフレーズが、顧客の満足につながるのです。

機転が求められるのは、自分の担当外の案件で、実際の担当者に電話を回すケースです。

bad

「その件の担当は販売促進課になっております。お電話を回しますので、そちらでお話しになってください」

ソツなく敬語を使った言い方になっていますが、これでは顧客が満足する応対とは

たらい回しをするほど、顧客の不快感 MAX ！

いえません。

good
「その件の担当は販売促進課になっております。担当の○○におつなぎいたしますので、よろしくお願いいたします」

これが正しい言い方。**電話をたらい回しにせず、担当者にピンポイントで回すのが大原則です。**

そして、担当者には顧客の問い合わせ（クレーム）の内容をかいつまんで説明しておきます。そうすることで、担当者はあらためて顧客に用件を聞かなくてもすぐに対応ができます。

難しい場面での配慮ある対応

上司の家族から電話があったら

会社には、ときには社員の家族からの電話もあります。例えば、上司である部長のAさんが不在のときに、奥様から電話がかかってきたケースで考えてみましょう。

社員の家族は、いわば会社にとっても身内ということになります。こんな場合は、社内で話すときと同様に、部長に敬意を払った話し方をしなくてはなりません。

したがって、正しいこたえ方は、

good

「部長は会議に入っていらっしゃいますが、30分ほどでお戻りになります。いかがなさいますか?」

さらに、部長が席に戻り、奥様から電話があったことを伝えるときは、「奥様からお電話がありました」ではなく、「ご自宅からお電話がありました」と伝える心配りが必要でしょう。

電話で断る常套敬語とは？

仕事には急きょ方向転換を迫られることがあります。

例えば、仕事先との間で何度も交渉を重ね、ほとんど合意に達していた事案を白紙状態に戻さなければならないというケースが生じた場合、正式な交渉打ち切りの通達は直接先方に出向いてすべきなのは当然ですが、その前に電話で一報を入れる必要があるかもしれません。

電話による連絡の中でももっとも厳しく、また難しい局面です。さて、どんな言い方をするか。言葉は慎重に選ばなければなりません。

「この段階で申し上げなければならないのは、心苦しいかぎりですが、この事案は～」

good

「いまさらこのようなことを申し上げるのは、大変恐縮ですが～」

「お叱りを受けるのは覚悟のうえで申し上げます。実は～」

これらの言い方が考えられますが、いずれにしても**先方の非難や怒りは全面的に受けとめる覚悟を決めて臨まなければなりません。**

セールス電話を断る賢いフレーズ

忙しいときにかかってきたセールス電話ほど困るものはありません。最初のうちは丁寧に対応していても、あまりにしつこいセールスだとムッとすることもありますね。

さて、そんな迷惑なセールス電話は、どうやって断ればいいでしょうか。

「こういう電話は困ります、二度とかけないでください！」

「セールスはお断りなんです！」

good

「恐れ入りますが、今後のお電話はご遠慮申し上げます」

「結構です」「必要ありませんので」と言っても、しつこく食い下がるセールス電話には、無言で受話器を置きたくなりますが、相手も仕事と思えば、つれない態度も取りにくいものです。

また、あまり強い口調で電話を切ると、自分も気分が悪くなります。感情に流されて声を荒らげてしまうような対応は避けたほうがいいでしょう。
そこで、好ましいこたえ方は３番目の「今後のお電話はご遠慮申し上げます」となります。また、もうワンランク上の断り方で、

「私とはご縁がないようで、申し訳ありません」

good

「せっかくお電話いただいて申し訳ないのですが、ご希望には添いかねます」

という表現もあります。

敬語には「相手を敬う」という働きと、「相手と適度な距離を取る」という2つの働きがあります。

セールス電話を撃退する場合に敬語を活用すれば、相手に距離感を感じさせることもできるわけです。

お詫び電話は結びが決め手

ミスや手違いがあって電話でお詫びをするケースがあります。面と向かっていれば平身低頭するなど、お詫びの姿勢を形で示すことができますが、電話の場合は言葉だ

●とっさに役立つお詫びのフレーズ

シーン	フレーズ
相手からの質問に十分に応えられなかったときなど	勉強不足でお恥ずかしいかぎりです
間違いを指摘されたときなど	私が考え違いをしておりました
ミスをしてしまったときなど	私の心得違いでご迷惑をおかけしてしまい～（ミスの原因がはっきりしない場合）
	私の不手際でご面倒をおかけしてしまい～（明らかに自分に非がある場合）

お詫びをする際は「申し訳ありません」が基本だが、状況に応じてもうワンフレーズつけ足すと、謝罪の意図がより具体的に伝わる。

けが頼りです。

「すみません」はビジネスの場では謝罪にならないことはもう知っているはず。「申し訳ありません（ございません）」が基本形です。深い謝罪の意を表すには、こんな言い方があります。

good

「お詫びの言葉（申し上げよう）もございません」

どんな言葉を使ってお詫びしても足りないという意味ですから、これは最上級の謝罪の表現。そして、今回のミスを肝に銘じるつもりであることを伝えます。

「このようなことが二度とないよう、心して参るつもりでございます」

お詫びはこれで完了ですが、先方からミスや手違いを指摘された場合は、結びにもうワンフレーズ加えると好感度が高くなります。

「ご指摘いただきまして、本当にありがとうございました」

ここまで言えれば完璧でしょう。

電話の便乗はマナー違反

電話を入れようと思っていた相手から、タイミングよく電話が来ることがあります。相手の用件を聞いてから、これ幸いと、こちらの用件も切り出したいところ。

bad **「こちらからも連絡を取ろうと思っていたところなんです。ちょうどよかったです。実は～」**

こんな電話の便乗はマナーから外れます。こまかいことをいえば、自分（自社）が負担すべき電話代を相手(他社)に支払わせることになりますから、都合がよすぎます。相手の立場になってみれば、「ずいぶんチャッカリしているな」と感じるのは自然。

この種の要領のよさ（甘え）は仕事の評価に逆行するだけです。**一度電話を切り、ワ**

ンテンポおいてからかけ直すのがマナーでしょう。もっとも、

「そこまで杓子定規《しゃくしじょうぎ》に考えなくてもいいのではないか。二度手間になるより一度ですませたほうが効率だっていいし……」

そう考える人がいるかもしれません。仕事上のつき合いも長く、日ごろから親しくしている相手の場合、とくに先方にとって朗報なら、ちょっとでも早く知らせてあげたい気持ちにもなります。しかし、礼儀はきちんと押さえておきたいもの。

good

「頂戴したお電話で恐縮ですが、こちらからもお話したいことがあります。よろしいでしょうか？　お忙しければ、のちほどかけ直しますが……」

などの言い方で相手の都合を聞くことは忘れてはいけません。**相手の電話に便乗することが許されるのは、手短にすむ話で相手を煩らわせたり、相手に何かを依頼したりするものではない場合に限定されます。**

当然、

「私ども○○課長がお話したいと申しているのですが……」

と自社の人間に電話を代わったりするのはもってのほかです。

携帯電話に「ちょっとだけよろしいでしょうか」は不可！

いつでもどこでも通話ができる携帯電話はとても便利なものですが、その半面、使う人のマナーが問題になってきます。

ときどき、電車の中や店内などで、大きな声で仕事の話をしている人がいます。そういった人を見かけると、モラルを疑うと同時に「誰が聞いているかわからない電車の中で仕事の話をしていいのだろうか？」と心配になってしまいます。個人情報や、ときにはプライベートな会話まで聞こえてしまうので、情報管理の観点からもいただけません。

さらに、相手の携帯にかけた場合は、相手がどのような場所にいるかわからないので、確認をしなければなりません。

「いま、ちょっとだけよろしいでしょうか？」

good

「外出先にまでお電話して申し訳ありません。○○の件で急いで確認したいことがありまして…。いま、よろしいでしょうか？」

「急用でご連絡いたしました。いまメモを取ることが可能でしょうか？」

携帯電話はどこでも通話できるという利点がありますが、電話をかける側には、相手がいまどこでどんな状態でいるかはわかりません。

ですから、**最初に「いま、通話が可能かどうか」を聞くのがマナーです。**

1番目の言い方は一般的によく使われるものですが、「ちょっとだけよろしいでしょうか？」といきなり言われても、用件がわからなければ返事のしようがありません。

緊急の要件ならば多少無理をしてでも通話を続けるけれど、もう少し時間を置いてもいい用件なら折り返しかけたいという場合もあるでしょう。そこで、手短に「○○の件で」というひとことはとても大切なのです。

その点、2番目の言い方は、きちんとそれを伝えています。また、「外出先にまでお電話して申し訳ありません」のフレーズは、携帯電話に連絡するときの常套句なので覚えておきましょう。

そして、3番目の言い方ですが、**メモを取らなくてはならないような内容の連絡は携帯電話には不向きです。**

●携帯電話にかける際のマナー

名乗る

↓ ○○会社の△△でございます

通話相手の名前を確認する

↓ ××様の携帯電話でしょうか？

相手の状況を確認する

↓ いまよろしいでしょうか？

相手の都合が悪ければかけ直す

失礼いたしました。
のちほどまたお電話いたします

ハンズフリーやスピーカー機能を使って、鞄の中からメモ帳を取り出し、なおかつ騒がしい人ごみの中でメモするのは至難の業です。こういった場合は、その場でメモを取ってもらうのではなく、

「メモを取っていただきたいことがあるので、再度ご連絡いたしたいと存じます。ご都合のいい時間をお知らせ願えますでしょうか？」

good

「メモを取っていただきたいことがあるので、大変申し訳ないのですが折り返しお電話をいただけますか？」

このように、相手の都合に配慮し、相手が落ち着いて通話できる状態になるまで待つようにしましょう。

ビジネスチャットの基本

近年では、友人同士はもちろん、ビジネスにおいても LINE や Slack、チャットワーク、SNS の DM（ダイレクトメール）などを使う機会が多くあります。

そこで、ビジネスシーンにおけるチャット使用について、気をつけておきたいポイントをお教えします。

❶メールの基本を押さえて簡略化

チャットでは、メールに比べて短文でのやり取りが基本。文章を簡略化する際は、基本的なメールのマナーを踏まえたうえで、うまく短文に置きかえましょう。

❷メンションはしない

グループチャットなどで、特定の誰かに向けたメッセージを送るときに、相手の名前を書かずに指定する機能として「メンション（@）」があります。社外の人とのやり取りの際には、メンションせずに相手の名前を書くのが基本です。社内でのやり取りの場合は、TPO に合わせて使い分けるといいでしょう。

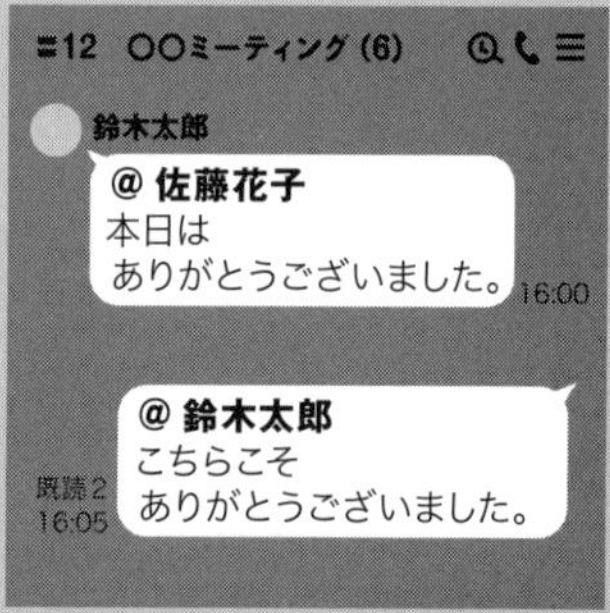

社内でのやり取りでは、はじめにグループ内でのルールを決めておくとよい。

❸スタンプや絵文字は使わないのが無難

スタンプや絵文字は、ビジネスの世界では禁物。社内外問わず、使わないのが無難です。

自分からスタンプを送るのは NG。相手が送ってきた場合にも、文章で返すのが基本。

第4章

日常会話での
上手な敬語の使い方

ワンランク上の日常敬語

語彙が豊かな人	語彙が乏しい人
恐れ入りますが 大変恐縮ですが 失礼ですが お手数をおかけしますが	すみません

豊富な語彙で敬語力アップ

日常生活では、仕事関係だけではなく、ご近所さんや身内とのつき合い、趣味や社交の場、SNSやインターネット上での交流など、さまざまな人とコミュニケーションを取る機会があります。

敬語の基本は決まりを覚えることですが、ただ丸暗記した言い回しを乱用するのはいただけません。

●敬語の上手な使い分け

基本的な敬語の使い方を理解したら、親しい人とはカジュアルな話し方をし、親しくない人に対しては敬語を使うというように、正しく使い分けられるようになると、敬語上級者です。

❶TPOで使い分ける

同じ相手に対してでも、場面がかわれば言葉もかわる。どのような場面でどのような話し方をするのが適切か、まずはたくさん話してみることでコツをつかんでいこう。

❷崩すときは相槌から

相手との距離感を縮めたいというときは、まずは相槌をかえてみては？「承知しました」を「わかりました」というように、会話の一部から崩すのが無難。

例えば、「ございます」という言い回しはたしかに丁寧な表現ではあります。しかし、「それはありがたいことでございます」「便利でございます」「ご用意してございます」といった具合に、相手や状況を考えず、杓子定規に「ございます」を使っているようでは、かえって相手に違和感や不快感を与えかねません。

使いこなせる言葉の数を増やすと同時に、**相手との関係性やTPOに応じて、うまく使い分ける**ことが、日常生活における敬語の使い方のポイントです。

言葉の伝え方や話し方の幅を広げると、人との距離感を縮めることができるのです。

人とのつき合い

「お」「ご」つきの敬語の乱用は格好悪い

「お」「ご」は、つけ過ぎると丁寧過剰で聞きにくくなってしまったり、尊敬、謙譲の表現が曖昧になってしまったりします。次はそんな例の1つ。

「お体のお具合がお悪いとお聞きしたのですが、お加減はいかがですか?」

極端な例ですが、このような「お」の乱用は、かなり聞きにくいものです。敬語を使おう、丁寧に話そうという気持ちはわかりますが、やはり過ぎたるはおよばざるがごとしです。

「お体」は相手の事柄や状態につく尊敬語、「お聞き」は相手への謙譲語、この言葉は「伺う」という謙譲表現に言いかえてもいいでしょう。「お体の具合が悪いと伺ったのですが〜」というようにです。「お具合」は丁寧に言おうとする美化語ですし、「お悪い」

はあとに「お聞きした」という謙譲の表現がありますから、省いても問題はありません。「お加減」はある意味慣用句となっている言葉です。「加減はいかが」といった言い方はしませんね。そこで不要と思われる「お」を抜いた表現がこれ。

good

「お体の具合が悪いとお聞きした（伺った）のですが、お加減はいかがですか？」

「お越しくださいまして」が「いただく」より適切な場合

「あいにくの雨の中を、お越しくださいまして（ありがとうございます）」

来客を迎えるときはまず、相手に対して敬意を払ってお礼の気持ちを伝えます。こちらから招待したのであればなおのこと、来てくれたことに対する感謝は欠かせません。「お越しくださいまして」という表現は、そうした場面で過不足のない言い方に思えますが、実はもっと適切な表現があるのです。

good

「あいにくの雨の中を、お越しいただきまして」

という言い方がそれです。**「くださる」と「いただく」。どちらも謙譲の表現であることにかわりませんが、「来てもらった（招いた）」というニュアンスを含めると、謙**

譲の意が強い言い方のほうが、この場合はぴったりです。

招いたわけではないけれど、相手が届けものをしてくれたなどといった場合は、「わざわざありがとう」の意を込めて「くださる」という言い方でもいいのかもしれません。具体的な線引きがあるわけではありませんが、来てくれた人が目上か目下かでも使い分けることができます。

この種の使い分けには、敬語の初心者にはなかなか到達できないかもしれませんね。

例えば、こんなケースではどうでしょうか。

引っ越した先のご近所さんから、「わからないことがあったらなんでもお教えしますよ」との申し出があったとき。

bad **「○○さんがいろいろ教えてくださるので、助かっているんですよ」**

good **「○○さんからいろいろ教えていただいているので、助かっているんですよ」**

前者には〝ちょっと迷惑〟な気持ちが、後者には本当にありがたい気持ちが込められていると考えることもできます。ただ、話す人の言葉の抑揚はどうか、どんな状況で話しているのか、本人を目の前にして話しているのか、といった背景によっても伝

感謝の気持ち

「くださる」と「いただく」

「くださる」も「いただく」も謙譲表現だが、「(〜して)もらう」の謙譲語である「いただく」のほうが、より感謝のニュアンスが伝わりやすい。

わるニュアンスは微妙にかわります。

しいて言えば、「迷惑だと思っているのでは……」といった誤解を招かないためには、後者に軍配が上がるかもしれません。いずれにしても、**「(相手に)〜してもらう」敬語は、感謝の気持ちを込めて使いたいものです。**

袖すり合って「〜していただく」が好感度アップ！

敬語は人間関係の潤滑油です。相手の気持ちに配慮したり、敬意を払う気持ちを表わすのにとても重要な言葉です。それは身近にいる人に対してだけに必要なものではありません。公衆の中でも敬語は、好感度をもって受け入れられ、一瞬のステキな交流が生まれるものです。例えば、道を尋ねるケース。

「〇〇まで行きたいんだけど、知ってますか？」

good

「〇〇まで行く道を教えていただきたいのですが」

どちらが好感度が高いかは言わずもがな、ですね。後者です。「知ってますか？」といった紋切り型の言い回しで問われれば、「知らないよ！」と言いたくなりますが、「教えていただきたいのですが」と聞かれれば、「〇〇へは、この道をまっすぐに50メートルほどいったところの信号を右に～」と、詳しく教えたくなるものです。

「すみません、急いでおりますので、道をあけていただけますか」

歩道を横並びにゆったり歩いている人に対しても、この言葉なら「あっ、すみません」と自分の公衆道徳マナーの非礼に、自然と気づくものです。「ちょっと、じゃまなんだけど……」とは雲泥の差ですね。

「～していただく」は「もらう」の謙譲表現です。自分側がへりくだることによって相手を高める言い方。道をたずねる場合であれば、相手は〝仕事中〟〝急いでいる〟……などの状況が考えられます。その手（足）をとめて教えてもらうわけですから、へりくだってたずねる姿勢は、マナーにかなったものになります。

相手が公衆マナーに違反しているような場合、本心では「非常識！」と思ってもそれをそのまま口に出してしまうのは、角が立つというものです。

「～していただく」という言い方は、そんな状況をオブラートに包んでくれる、とても便利な言い回しなのです。

good

「この列の最後尾はあちらみたいですよ。そちらに並んでいただけますか」

順番待ちで長い列ができているところに割り込んでくる非常識な人に対しても、「～していただく」で対応してはいかがでしょうか。

「お力になってくださいますか」は誰が誰に？

人に何かを頼むとき、あなたからの助力（助言）がほしい、という意味で使われる次の言い回しはよく聞くものです。

「お力になってくださいますか」

「力になる」というのは、相手のために援助する、助力するという意味で、依頼される側が使う分には問題はないのですが、依頼する側からの言い回しではありません。

「お」がついて尊敬表現として使っていることはわかりますが、使い方に誤りがあります。「お」をつけることで、自分の「お力になれ（る）」と言ってしまっているのです。「お力」を借りたいなら、

「お力添えをいただきたいのですが」

good

「お力を貸してくださいますか」

「お力にすがりたいと存じます」

などが適切な言い方です。「お」の使いどころは間違えないようにしましょう。

●美化語の種類と役割

言葉の頭に「お／ご」をつける表現を美化語といいます。美化語は、大きく２つに分けられますが、いずれも会話や文章をより丁寧な印象にする効果があります。

美化語の種類	
対象となる者の所有者や動作の主体を高める	（お客様）のご住所、お仕事
	（先生）のお仕事
尊敬語や謙譲語にあたるもの	（先生）のお考え
	のちほどご説明します
	お返事を差し上げます

●間違った美化語

美化語は、基本的に外来語にはつけません。「トイレ」は「お手洗い」というように言いかえるといいでしょう。

おビール、おトイレ、おコーヒー　などはNG

公共場面での「ありがとう」「すみません」は敬語なり

すれ違いざまに人とぶつかったり、足を踏んでしまったり、バッグをひっかけてしまったり……。**街中では無意識に失礼なことをしてしまう場合があります。そんなときはすかさず「すみません」のひとことを言いたいものです。**

でも実際は、こうした謝罪の言葉を聞くケースは少ないかもしれません。相手からぶつかってきたのに、キッとにらみ返されたりすることもありますが、それは反面教師。どちらからぶつかってきたとしても謝罪の言葉を最優先できれば、立派でしょう。

「すみません」は「ごめんなさい」でもいいと思います。とっさのことなので言葉を選んでいるひまはないかもしれませんが、「失礼いたしました」のほうがより丁寧な印象です。相手から謝罪の表現が出れば、「大丈夫です」「お気になさらず」と返答しましょう。

「ありがとう」のひとこともとても大切な言葉です。道を譲ってもらったり、席を譲ってもらったりといったときは「ありがとうございます」と丁寧に。

「〜に差し上げて」は相手への謙譲があやふや

その場にいない第三者が会話に登場すると、とたんに敬語のもっていく場があやふやになります。次の言い方はその一例です。

「よろしかったら、お子さんに差し上げてください」

お土産のお菓子などを差し出すとき、なんの疑問ももたずに使っている言い回しですが、この言い方でいいのでしょうか。

「差し上げる」は「与える」という意味の謙譲語です。謙譲しているのは誰かというと「子ども」です。お菓子を「差し上げる」のは、お菓子を受け取る相手＝子どもということになります。

では、お菓子を渡された「あなた（親）」に対する敬意は？

この言い方にはそれが見当たりません。「あなたがお子さんに差し上げてね」という言い方になってしまい、「あなた」が「お子さん」に「差し上げる」ようになってしまいます。そればかりか、渡した側からの「あなた」への敬意を差し挟む余地がないのです。

good

「お子さんと召し上がってください」

この言い方なら〝あなたとお子さん〟に敬意を払っていることになります。

ただ、「差し上げる」ものが「召し上がる＝食べる」ものでない場合は、この言い方は使えません。近しい間柄であれば、

「お子さんに、どうぞ」

だけでもかまいません。

お子さんに差し上げてください　△

差し上げる

お子さんと召し上がってください　◎

お子さんと**召し上がって**ください

「お子さんにあげてください」

という言い方も、謙譲語を丁寧表現として使う最近の傾向を考えると、目くじらを立てるほどではないようです。しかし、目上の人などの場合にはやはり、「丁寧に」を原則としましょう。

「お子さんに差し上げたいのですが、渡していただけますか」

このような言い方は、丁寧さが感じられます。

第三者が会話に登場すると、敬語は難しい。そんな印象ですが、基本は謙譲の表現です。

話している相手、第三者どちらに対しても、自分側からは謙譲表現を使うのが原則です。

モノや動物を〝尊敬〟してしまうこんな間違い

携帯電話の待ち受け画面が〝我が愛犬〟だという人も少なくないのではないでしょうか。「ほら、これがうちの子、かわいいでしょう」などと見せられて、

bad **「かわいい犬でいらっしゃいますね」**

などと言っていませんか。相手への尊敬を表わそうとして「いる」「ある」を敬語に変換したところまでは理解できますが、**動詞の部分をそのまま敬語に変換してしまったために、「犬」が「いらっしゃる」ことになってしまっています。**

「いらっしゃる」は人の動作や状態を表わす尊敬語ですから、犬に対して使うのはヘン。犬を尊敬してどうするの？　というのがこの言い方の大きな誤りです。

good **「かわいい犬を飼っていらっしゃるんですね」**

犬を飼っている人に対しての「いらっしゃる」であれば、これで問題はありません。

good **「かわいい犬でございますね」**

丁寧に言うなら、「〜である」を丁寧に言う「ございます」を使ってもいいでしょう。

間違えがちなモノや動物への敬語		
シーン	✕間違い敬語	◯正しい敬語
上司が乗る車が到着した	車が 到着なさいました	車が 到着いたしました
目上の人の自宅を訪ねた	○○さんのご自宅でいらっしゃいますか	○○さんの ご自宅でしょうか
ペットを飼っているか尋ねるとき	犬は何匹 いらっしゃいますか	犬を何匹飼って いらっしゃいますか
商品の説明をする	こちらはレザーを使用していらっしゃいます	こちらはレザーを 使用しております

もちろん、「かわいい犬ですね」でも十分です。

同じような間違いに、

「お宅の犬は何か芸をなさるの？」

「なさる」は「する」の尊敬語。語感に上品さがうかがえるところからこんな言い回しをしてしまうこともありそうですが、この場合もやはり、犬に対しての尊敬語になってしまっていますから、誤りですね。

動物ばかりではありません。モノに対しても敬語を使っているケースも少なくないようです。

例えば、「血糖値がなかなか下がらなくてね～」という相手にこたえるとき、こんな言い方をしていませんか。

「血糖値がお下がりにならないときは、運動も併せてなさるといいと聞きますが」

運動をするといいということを「なさる」で敬語にしているところは問題ありません。運動をするのは「相手」だからです。問題なのは「お下がりになる」ところ。「お下がり」は「血糖値」にかかる敬語になっていますね。

good

「血糖値が下がらないときは、運動も併せてなさるといいと聞きますが」

が正しい言い回し。この種の誤りも、意外と多いかもしれませんね。

「〜してあげる」の大いなる不思議

bad

「愛犬には高齢犬用の食事をあげています。もう10歳ですからね」

「あげる」は「やる」「与える」の謙譲語ですから、この言い方だと、犬を飼っている飼い主が犬を謙譲し、自分はへりくだっていることになります。しかも、「いる」という表現が混じっているため、飼い主の行為はもっと低められてしまっています。

もっとも、この場合の「いる」は自分に対する表現ですから問題はないのですが、何やら主従逆転の感は否めません。正しくは次の言い方です。

good

「高齢犬用の食事を与えています。もう10歳ですからね」


こうした「あげる」の例はたくさんあります。

「子どものクリスマスプレゼントには○○を買ってあげるつもりです」

「頑張った自分をほめてあげたい気持ちです」

他人との会話の中で、前者は子どもを、後者は自分を謙譲していますから、

「子どものクリスマスプレゼントには○○を買ってやるつもりです」

「頑張った自分をほめてやりたい気持ちです」

が正しい表現になります。

他にも「花に水をあげる」「(子どもに)絵本を読んであげる」「(子どもを)お風呂に入れてあげる」などがあり、ほとんど無意識に「あげる」をいろいろなところに使っています。

目上の人から目下の人へ「おごってあげる」「持ってあげる」といった使われ方もしていますね。

その使い方は謙譲語というよりは、丁寧語として使っている傾向があるように見受

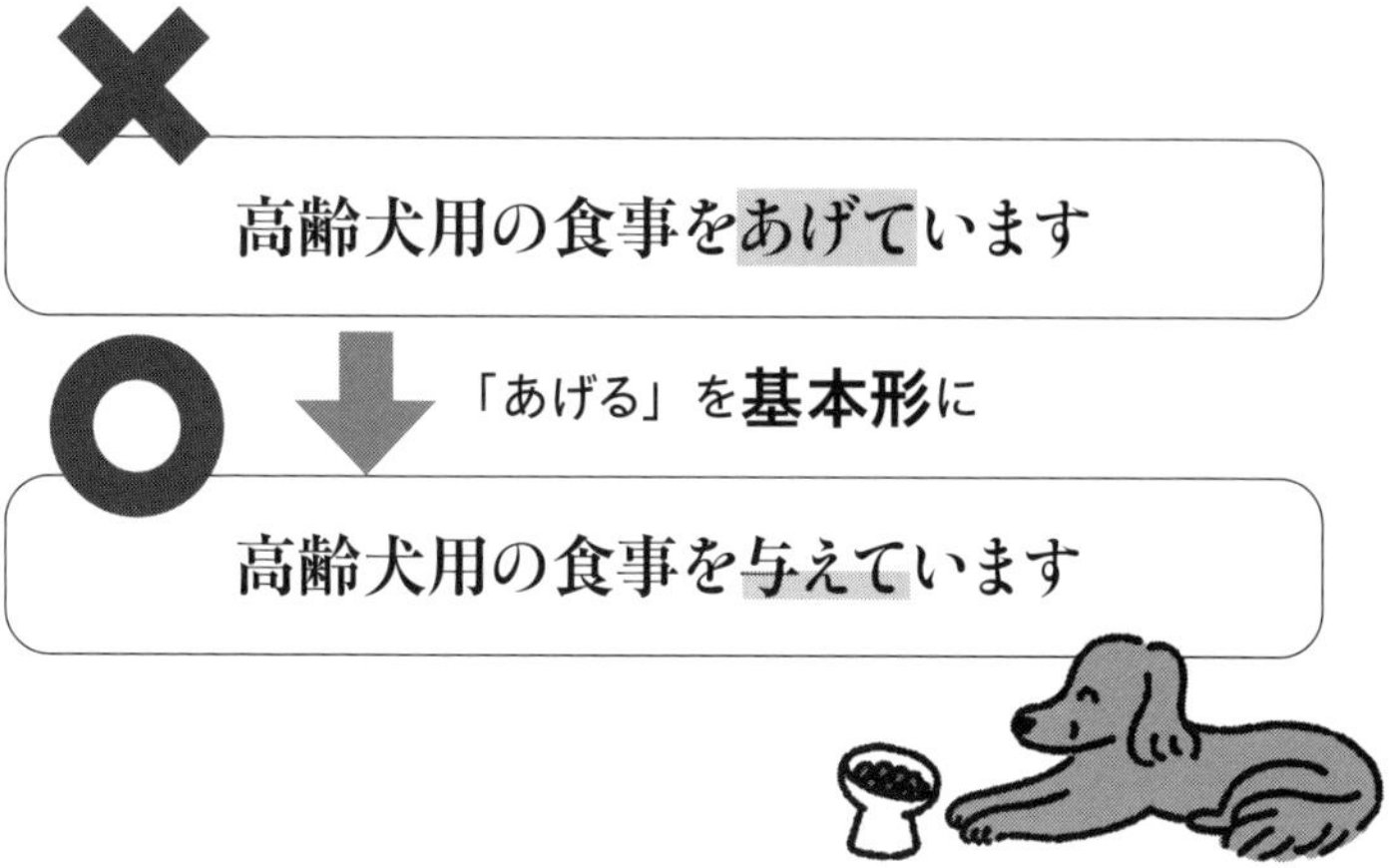
×
高齢犬用の食事をあげています
「あげる」を基本形に
○
高齢犬用の食事を与えています

けられます。「やる」という言葉そのものがどことなくぞんざいなニュアンスがあると感じるのでしょうか。

最近の「あげる」の使い方には、違和感はあるものの、ほとんどの場合は容認されているといったところが現実でしょうか。ただ、さすがにこれはいけません。

bad
「このタイプのトップスにはシルバーのチェーンを組み合わせてあげると、どちらも引き立つんですよ」

トップスに「〜してあげる」のはあきらかに誤りです。丁寧さもここまでくれば耳障りです。「組み合わせると〜」で十分だと思います。

「不釣り合い」でお見合いを断る超失礼

条件もぴったりだし、写真で見るかぎりはとてもいい人のように見える。でも、いざ見合いの席に臨んではみたものの、会ってみるとどうもしっくりこない……。お見合いでは、よくこんなことが起こります。最近はお見合いのよさも見直されているといいますから、自分がその場面に遭遇することもあるかもしれません。

お見合いを断る際は、当然のことですが、相手への配慮ある言い方が礼儀です。労を取ってくれた紹介者に対しても同じです。

bad

「私には不釣り合いな方に思われますので、今回は……」

さて、この言い方、相手に敬意を払った言い方になっているでしょうか？　実はとても失礼な言い方なのです。

「私にはもったいない方なので～」という意味を込めている気持ちは伝わります。**でも、受け取り方によっては〝私〟が相手にとって不釣り合い、つまり、「私はあなたにはもったいないでしょ！」と言っているように聞こえてしまうのです。**気づかいをしたつもりが、とても失礼な断り方になってしまっているわけです。

「私には過ぎたお方のように思われますので……」

といったほうがずっとストレートに伝わりますし、しかもソフトです。お見合いをした相手に対しても、紹介者に対しても、この言い方なら失礼になることはありません。次のような表現もいいでしょう。

good

「大変すばらしいお方なのですが、私のようなものにはもったいない方です」

こんな言い方なら、紹介者は心得たものです。「ああ、やっぱり相手を気に入らなかったのね」と意をくんでくれます。

お見合いの断り方ではもう一点、相手に対する敬意を払う意味で大切なポイントがあります。それは、会ってすぐに結論を伝えないことです。お見合い当日、ましてやお見合いの最中に本人に伝えるというのは言語道断。

「よく考えさせていただいたのですが、やはり……」

と、よくよく熟慮した姿勢を見せることです。紹介者へ返事を伝えるときも、最低1週間程度は間をおいてから返事を伝えるのがいいでしょう。

「ご参加くださった」では敬語にならない

パーティやイベント、セミナー、会社の創立記念日の式典など人が集まる場では、主催者側は敬意をもって対応する必要があります。主催者のあいさつでよく使われるのが、「ご参加」、「ご参列」、「ご参集」という言葉です。

bad

「ご参加くださったみなさまには感謝でいっぱいの思いでございます」

「本日はこのように大勢の方々にご参集いただきまして、ありがとうございます」

参加者が自由に語り合うパーティや異業種交流のイベントなどでは、なんの抵抗もなく受けとめられる言い方です。しかし、セミナーの講師や式典の来賓などに対しては、この言い方は十分な敬意を払ったものとは言えないのではないでしょうか。

「本日は3人の講師の方にご参集いただきまして〜」

「本日の式典にはご多忙の中を、○○先生がご参加くださいまして〜」

「参集」という表現には、はっきりした上下関係がない同じような立場の人間が集まるというニュアンスがあります。セミナーや講演会の講師は聴衆とは一線を画した立場にあるわけですから、「参集」では敬語にならない気がします。

同じように「参加」も来賓レベルの人に対して使うのは礼を失します。わざわざ時間をやりくりして駆けつけた○○先生も、軽い扱いで、いささかお冠《かんむり》になりそうです。

good

「講師の方にご臨席いただきまして〜」
「○○先生がご来臨くださいまして〜（ご来臨を賜りまして〜）」

十分な敬意を表するなら、こんな言い方をすべきでしょう。

「参加」、「参列」、「参集」の「参」は「参る」ということで、謙譲の意味をもっています。その原点を考えれば、厳密には人を敬うとき

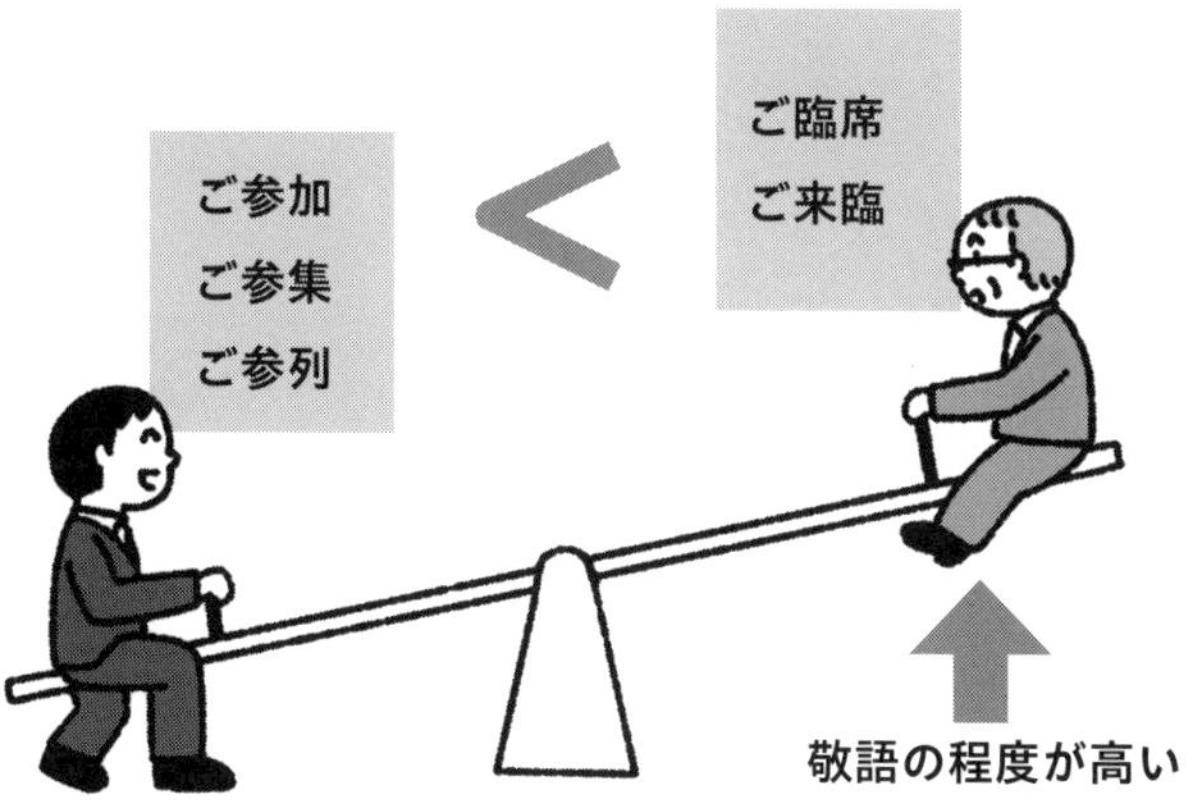

に使う表現ではないともいえます。

もっとも、現実的には「ご」をつけて敬語として用いられていますから、場面や相手をわきまえて使うなら問題ありません。しかし、**ここ一番というときには「ご臨席」、「ご来臨」が使えます。**それが敬語の使い手としてのレベルを決めるのだということは、知っておいてください。

蛇足ながら、合コンなどくだけた会では「お集まりのみなさん」、「お集いのみなさん」と言ったほうがフランクでいい感じですね。

難しい「粗」の使い方

万事控えめにするのが日本人的感覚では美しいとされます。たしかに、これみよがしや得意げな言動は見ていて気分のいいものではありませんが、控えめも、さじ加減が必要。「何もそこまで言わなくても……」と相手に感じさせてしまっては逆効果になります。

控えめであることを示すときに使われるのが「粗」という言葉です。記念日やイベ

ントでは集まってくれた人たちに記念の品を渡すことがあります。その際、
「粗品でございますが、本日の記念にお持ち帰りください」
という言い方がされます。また、訪問先にあいさつ代わりに持参する品物も、たいがい「粗品」として相手に手渡されます。人様に差し上げる品物は〝粗末〟なものと謙遜するのがわきまえた言い方というわけです。

しかし、**記念のために吟味して選んだ品物や、相手を思って携えた品物に「粗品」という呼称が本当にふさわしいでしょうか。**もらう側はそこに奥ゆかしさを感じるでしょうか。

もっと率直に気持ちを込めた品物であることを表現しましょう。

good

「記念の品を用意させていただきました。お帰りにお持ちください」

こんな表現のほうがずっと自然ですし、もらう側も気持ちよく受けとれるものです。

飲食をふるまう場面でも「粗」が使われます。客に食事や酒を用意したときなど、
「粗酒、粗餐《そさん》でございますが、召し上がっていただければ……」
と言ったりします。自宅に客を招いて手料理をふるまう場合には、酒も食事も粗末

「粗茶」を言いかえた表現として「空茶（からちゃ）」がある。茶菓子の用意がなく茶だけを出す場合に使える。

なものとするこの言い方もいいのかもしれません。しかし、プロの料理人やシェフが腕を振るった料理が並ぶ宴席やパーティ会場で、「粗酒」、「粗餐」は適切な表現とは思えません。思わず「旨い！」となるようなシャンパンや銘酒に対して「粗」はいかにも不釣り合いです。

第一、「そしゅ」や「そさん」という言葉を聞いて、すぐにその意味を理解できる人はどのくらいいるでしょう。ある年代以上でなければ、まったく意味不明というのが現実かもしれません。

とすれば、せっかくの謙譲の気持ちも伝わらないことになりませんか？

せいぜい、「ささやかですが、お食事を用意いたしました〜」くらいが適度でしょう。この時代、「粗」を使うケースは減りつつあるようです。

「お加減はいかがですか？」が失礼になるとき

病気見舞いで大切なのは、見舞う人の病状をあらかじめ知っておくことです。それによっては、かける言葉も対応も、当然違うものになります。

bad 「お加減はいかがですか？」

お見舞いの慣用句ともいえるのがこの表現ですが、不用意に使うとかえって病人に気づかいをさせてしまうこともあります。

たとえ病状がかんばしくなくても、こう問われれば病人は「なんとか、頑張っているよ」と答えるものではありませんか？　顔色がすぐれない病人を前にして、次にかける言葉も浮かんでこないのではないでしょうか。

病人本人に会う前に、家族に病状を尋ね、慣用句を使っていいかどうかを判断する。これがお見舞いでの心づかいというものです。

もちろん、病状が回復している場合なら慣用句の出番です。「順調に回復していると、医師も太鼓判を押してくれたよ」といった明るい返事が想定できます。

肝心なのは、**病人の気持ちをマイナスに引き込むような言い回しをしないこと。**「おつらいでしょう」「大変ですね」、あるいは「少しおやせになられましたか」といった表現も封印しましょう。

封印したい言葉はまだあります。

bad 「仕事は万事順調ですから、どうぞご安心ください」

上司を見舞う部下からのひとことがそれです。聞いた上司はどんな思いを抱くと思いますか？「オレがいなくても、すべて順調なんだな……」と安心するよりは、かえって焦りを感じはしないでしょうか。

「仕事に復帰される日を、職場のみんなでお待ちしています」

この場合もやはり、前向きな状況を設定した言葉にしたいものです。

どんな場合でも、本人に病状を根掘り葉掘り聞いたり、退院の日を訪ねるのはいけません。「気長に」「のんびり」といった表現もタブーです。〝ゆっくりと病気を治す

ことだけを考えて〟という気持ちを込めるなら、

good

「十分にご養生ください」

という言い方がよりいいでしょう。そして最後にこの言葉で締めくくります。

「お疲れになるといけませんから、今日はこれで失礼いたします」

見舞い品は「つまらないものですが」で渡すべからず

見舞い品を持参するときに注意したいのは、見舞う人の病状です。病気によっては食事の制限を余儀なくされている場合もありますから、見舞い品の選択の最優先課題は病状の確認です。

かつて、見舞い品の上位を占めていたのは果物、花束というのが相場でした。それはいまも大きく変化しているわけではありません。

しかし、花束なら花瓶を必要としないアレンジメントされたフラワーバスケットに、果物はバスケット入りなどの大仰なものは少なくなり、見舞い品としての形にこだわらないものになっている感はあります。

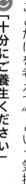

とはいえ、見舞い品を差し出す際に添える言葉の定型は健在です。「ご気分のよろしいときにでも、どうぞ召し上がってください」（果物）「気晴らし（気散じ）になればと思いまして、お持ちしました」（花束）ただ、この定型が使えない見舞い品もあります。

最近では現金やギフト券を贈るケースも増えています。何かと出費の多い入院生活ではむしろ、喜ばれる見舞い品になっているのかもしれません。この場合は「ご気分」も「気晴らし」も使えませんから、

good

「心ばかりのお見舞いでございます」

が適切です。もちろん、本人にではなく家族に手渡します。

では、それ以外の見舞い品を選んだら、どう言ったらいいのでしょうか。見舞う人の好みを考え、読書好きの人には本を、ゲームが大好きな人には新しいソフトを、といった具合に、1番気晴らしになるものを選択するのが、心のこもったお見舞いということになります。ですから、この場合も「気晴らしになれば〜」が適切でしょう。

●「つまらないものですが……」を言いかえる

最近では「つまらないもの」というへりくだった表現を不要と考える風潮が広まってきています。そこで、これに代わるフレーズをいくつか紹介します。

シーン	言いかえ表現の例
お土産などを渡すとき	ささやかですが、受け取っていただけますでしょうか
	気に入っていただけますとうれしく存じます
	お口に合うとよいのですが……
見舞い品を渡すとき	気晴らし（気散じ）になればと思いまして、お持ちしました
	ご気分のよろしいときにでも、どうぞ召し上がってください
	心ばかりのお見舞いでございます

「つまらないものですが……」

日本には古くから謙遜の心を重んじる習慣が根づいています。

人にものを贈る際にはこの言葉で謙遜の意を表しますが、**病気見舞いなどという目的がはっきりしている場合には、この言い方はふさわしくありません。**

なお、見舞い品の花にもタブーがあります。死、苦を連想するシクラメン、4本、9本、13本の切り花、ユリなどの強い香りの花、ボタンなど花弁が大きくて花首が落ちやすい花、血を連想する赤いバラ、葬儀を連想させる菊、根（寝）づくとされて鉢植えの花は、見舞い品リストから外すのがマナーでしょう。

「サルみたい……」でも上手なほめ言葉を

生まれたばかりの赤ちゃんを見て、正直なところ「サルみたい……」と思ったことがある人もいるでしょう。当の母親から「ね、おサルさんみたいでしょ」と言われれば、「生まれたばかりのときは、みんなそうなんですよね」と切り返せますが、こちらからストレートにその言葉を発するのは、ためらわれるものです。

でも赤ちゃんは、存在そのものが心もとなくて、小さくてかわいいものです。

good

「紅葉みたいと形容されるけれど、ホント、小っちゃくてかわいい手……」

からだの各部分に目を向けてみれば、かわいいところはたくさん見つかります。

「おっぱいを探しているのかしら、お口をむにゅむにゅして、かわいい！」

動作そのものも、かわいいものです。あくびをしたり、のびをしたり……、そんな表情を見れば、ほめ言葉は無限に出てくるものです。

生後2週間ほどもすると、顔にも少しずつ表情が出てきますし、親に似ているところも発見できます。

「パッチリしたおめめで、ママそっくり！　きっと美人になるわね〜」
「鼻筋が通っていて高いところは、パパ似ね！」

親にとっては「似ている」という表現はほめ言葉も同然。うれしくないはずはありません。敬語を交えるなら、会話の相手に対して、「〜ている」「〜だ」の尊敬語「〜でいらっしゃる」を使います。

good

「お父様に似て、凛々しいお顔立ちをしていらっしゃる」
「お母様に似て目もとがはっきり。とても美人でいらっしゃいますね」

子ども（赤ちゃん）の呼び方は、相手が目上でも目下でも共通。子どもの年齢が小さくても、成長していても、この言い方ならＯＫです。

「お子さん（様）」

性別がはっきりとわかっている場合なら、女の子は「お嬢さん（様）」、男の子なら「お坊ちゃん（お坊ちゃま）」となります。

会話の相手が自分よりずっと目上で、最大限に敬意を払う相手の場合には、「ご子息」「ご令嬢」が使い方としては正解です。

●遅刻の際のビジネスマナー

❶謝罪する
「申し訳ありません」とお詫びを述べる。

❷遅刻理由を簡潔に伝える
長々と言い訳するのではなく手短かに。

❸到着時間を伝える
相手が時間の見通しをもてるよう具体的な時間を伝える。

❹相手の都合を確認
相手の予定を考慮し、待っていてもらえるかを確認する。

❺感謝やフォロー
相手の了解を得たら感謝の気持ちを伝える。

時間に遅れるときは到着時刻をはっきり伝える

社会生活を営むには、さまざまな約束ごとがありますが、その中でも基本中の基本は「時間を守ること」です。どんな事情があったとしても「遅刻していい」という理由にはなりません。

まれに、さんざん人を待たせておきながら悠然と現れ、「いやあ～、渋滞にまきこまれちゃって、参りましたよ」と、まるで「遅刻したのは道が混んでいたせいで、私の責任じゃありませんよ」というような顔をする人がいますが、こんな態度は言語道断です。

渋滞は不測の事態ではありません。道が混み合うことを見越して早めに出発するなり、他の交通手段を利用するといった方法もあったはずです。

遅刻した場合はどんな事情があったとしても「お待たせして誠に申し訳ありません」と謝罪を述べなくてはいけないのです。

最近は、多くの人が携帯電話を持っていますので、待ち合わせの時刻に遅れそうなときは、途中で連絡を入れておくのがいいでしょう。また、連絡はできるかぎり早く入れましょう。遅れることがわかった段階、もしくは、間に合わないかもしれないという可能性が生じた段階ですぐに連絡をします。

例えば、知人の家に3時に伺う約束をしていましたが、バスが渋滞に巻き込まれて遅刻しそうです。こんなときはなんと伝えたらいいでしょうか。

「大変申し訳ないのですが、バスが渋滞に巻き込まれております」に続けて言うのに適切なフレーズを、次の例文の中から選んでください。

「かなり遅れてしまいそうですが、よろしくお願いします」

good

「いま○○のバス停を通過しましたので、あと○○分くらいかかると思います。お時間はよろしいでしょうか？」

「到着が3時○○分ころになりそうです。それまでお待ちください」

人を待っている時間はなぜか長く感じるもの。そこで、遅刻しそうなときにあらかじめ電話を入れるのは適切な行動です。

待ち時間がわかると、その後の予定を見直すこともできますし、「じゃあ、相手が到着するまでに○○をやっておこう」というように時間を有効に活用できます。そのためには「おおよそどのくらい遅れるか?」を具体的に伝える必要があるでしょう。

1番目の「かなり遅れてしまいそうですが」は、「かなり」という時間の長さの解釈が人それぞれで、わかりにくいものです。もしかしたら数分かもしれませんし、1時間かもしれません。

そうなると、やはり「そろそろかな、まだかな?」と時計を睨んで、そわそわ落ち着かなくなってしまいます。およそでかまわないので、到着時刻を伝えるべきです。といっても、到着時刻を正確に予測できるわけではないので、

good

「どのくらい遅れるのか現段階ではわかりませんので、あと○分したら、またお電話します」

このように、こまめに連絡を入れるようにします。経過がわかるだけでもイライラはぐっと少なくなるはずです。

2番目の言い方は「いつごろ到着しそうか」が具体的に提示されています。また、「いま○○のバス停を通過しましたので」のような報告は、時間だけでなく距離としても状態を把握できるのでとても有効です。さらに、待っている相手の都合にも心を配っているので完璧な話し方といえます。

3番目の言い方は、具体的に到着時刻を提示している部分はいいのですが、最後の「それまでお待ちください」の部分が失礼です。このような場合は、

「お待ちいただけますか？」

のように、相手にお伺いを立てる形で話すのがいいでしょう。

到着時刻を伝える際には、少し余裕をもたせた時刻を伝えるほうがいいでしょう。また、伝えた時刻から、さらに遅くなることがわかったら、再度連絡を入れることもお忘れなく。

来客・訪問時の対応

「どうぞ、お足を楽に」、ホントは誤り

招かれた先が和室の場合、ときにこんな言葉をかけられます。

「どうぞ、お足を楽になさってください」

正座したままでは足がしびれてしまうから、足をくずして楽にしてください、という気づかいからなのですが、実はこの言い方は、こんな意味に変換されてしまっているのです。

「足」に「お」をつけると「御足」＝「おあし」＝「銭」を指す言葉になってしまっているため、「足」の尊敬語にも、美化語にもならないというわけです。尊敬表現にするには「御御足」＝「おみ足」とするのが正しい言い方となります。

「どうぞ、おみ足を楽になさってください」

「おみ足」という言い方にはなじみがなくて使いづらいということであれば、

good
「どうぞ、（お）膝をくずして、お楽になさってください」

という言い方にかえることもできます。

手料理の感想を聞きたいときは

雰囲気のいいレストランで食事をするのもステキですが、ときには自宅で手料理を味わうホームパーティもいいものです。プロの腕にはかなわなくても、手料理には家庭の味があります。また、誰かのために心をこめてつくった料理には、レストランでは味わえない温かみがありますね。

さて、A子さんは日ごろからお世話になっている上司や同僚を自宅に招いて、ホームパーティを開きました。

料理にはそこそこ自信のあるA子さんは、皆が食事をしている姿を見て、ちょっと料理の感想を聞いてみたくなりました。こんな場合に、

bad
「美味しいでしょうか？」

とストレートに尋ねる人がいます。

家族や恋人に「美味しい？」と聞くことはよくあるでしょうが、このケースでは、「美味しいでしょうか？」は、やや奥ゆかしさに欠けます。**この聞き方には「私のつくった料理は絶対に美味しいはず」といったおごりが見え隠れします。**もう少し謙虚に「味つけはいかがでしょうか？」

このくらいの程度にとどめておいたほうが好感がもてます。

さらに、「舌鼓《したつづみ》を打っていただけたでしょうか？」というのは、「美味しいです」ということたえをもっと強要されているニュアンスがあります。

なぜなら「舌鼓を打つ」とは、あまりの美味しさに思わず舌を鳴らすという意味で、「美味しい料理に舌鼓を打ちました」と述べるときは使いますが、感想を求めるときには不向きな言葉です。

もっとも適切な言葉づかいは次のようなものでしょう。

good

「お口に合いましたでしょうか？」

「口に合う」というのは、食べ物の味が好みに合っているという意味なので、「美味

●料理の感想を聞きたいときの言い回し

味つけはいかがでしょうか？

お味はいかがでしょうか？

お口に合いましたでしょうか？

感想を聞くときに「いかがでしたでしょうか？」は二重敬語となるので謝り！「いかがでしたか」「いかがでしょうか」が正解。

しいか、美味しくないか」ではなく「好みに合っているか否か」を尋ねることになります。これなら、尋ねられたほうも答えやすいですね。

また、感想を求められた側も言葉づかいには注意が必要です。

たまに「結構美味しいです」と答える人がいますが、〝結構〟は「十分ではないが、ある程度要求に応えられている」という意味なので「そこそこ美味しいです」と言っているのと同じです。

手料理をご馳走になったときは「とても美味しいです」「美味しく頂戴しています」と答えるのが礼儀です。

訪問先で「おトイレに行きたいんですけど」はいけません

「出物腫《でものは》れ物《もの》所嫌わず」ということわざをご存じですか。生理現象やできものは場所や時間にかかわらず勝手に出てしまうということで、「トイレに行きたくなる」という意味でも使われます。

よそのお宅にお邪魔するときは、できる限りトイレを使わないのが礼儀ですが、「トイレに行きたい」という欲求は自然現象ですから、長時間お邪魔したり、食事などをご馳走になった場合は仕方がないでしょう。

では、この「トイレに行きたい」ということを相手に伝えるとき、どんな言い方が適切でしょうか?

good
「恐れ入りますが、洗面所を拝借できますでしょうか?」

「申し訳ありませんが、お便所はどちらでしょうか?」

bad
「すみません、おトイレに行きたいんですけど…」

トイレは下《しも》に関することなので、できるだけ遠まわしな言い方をするのが好ましいでしょう。ですから、「トイレ」という単語は使わず、「お手洗い」「化粧室」「洗面所」のような呼び方にするほうが無難です。

その点で1番目の言い方は合格。「トイレに行きたい」ということをストレートに表現せず、「洗面所を拝借する」という表現にかえている点も奥ゆかしさを感じます。

2番目の言い方は、「トイレはどこか？」と、相手がトイレを貸してくれることを前提に話している点が問題です。

もちろんトイレに行きたい人を目の前にして「使ってはダメです」と言う人はいませんが、せめて「お借りしてもよろしいでしょうか？」「お借りできますか？」のような聞き方が好ましいでしょう。

また、「お便所」という言い方も直接的過ぎるので、別の言い方を用いるほうがいいわけです。

3番目の言い方は幼稚な感じがします。さらに、「トイレ」は「トイレット」の略なのでもとは外来語です。**「おコーヒー」「おワイン」のように外来語に「お」はつけない**ので、別の呼称を使うべきでしょう。

「お気をつけて」を丁寧にする場合は「て」抜きが正解

来客を見送る際などによく使われる表現に、

bad 「どうぞ、お気をつけてください」

という言葉がありますが、この言い回しは正しくはありません。

この場合は「気をつけてください」という丁寧な言い方に「お」をつけて尊敬表現として使っているわけですが、実は「お」をつけただけでは、正しい敬語にはならないのです。

「気をつける（て）」は動詞です。

ごく一部の例外を除いては、動詞には「お」はつきません。「お気をつける（て）」という言い方は誤りということになります。

よく「お気をつけて」と言外に（お帰りください）の意を込めていうことがありますが、「ください」という言い方を省いてしまった分、相手に対する敬意がまったく込められていない状態になってしまっているのです。

Q　訪問客を見送る際、以下の言い方は○？×？

お気をつけになってください

○

「お気をつけ」は名詞形。
それに「〜になる」がついた形になるので、正しい表現。

このように、「お」がつくことで
敬語の使い方は微妙に変化します。

それに対して、「お気をつけ」は名詞形（お＋動詞連用形）です。この形は、そのまま使わなければなりませんから、この言葉を丁寧に言うなら、

good

「お気をつけください」

となります。

つまり、「お気をつけてください」は、「て」が入っていて動詞となりますから、正しくは「気をつけてください」とならなければいけないので誤りです。

「お気をつけになってください」

という言い方は、「お気をつけ」に「〜になる」がついた形になるため、正しい表現です。

冠婚葬祭での振る舞い

結婚式での親族へのあいさつの必須フレーズ

結婚披露宴では新郎新婦の両親にあいさつをする場面があるかもしれません。「お祝いの言葉」と「招待に対する感謝の言葉」が、その際のあいさつに不可欠の要素です。

「本日はおめでとうございます。お招きいただきありがとうございます」

これが基本形ですが、両親に会うのが初めてのときは、もうひとことつけ加えたいもの。

good

「本日はおめでとうございます。○○君（新郎）とは大学で同じゼミにおりました××でございます。お招きにあずかりましてありがとうございます」

新郎（新婦）との関係を手短かに説明しながらの自己紹介です。**お祝いと感謝の表**

現だけでなく、自分がどんな立場で披露宴に出席しているかを知らせると、うちとけた雰囲気になります。スピーチや余興を頼まれていれば、そのことにも触れておくといいでしょう。

「○○君とは会社で同期の××と申します。のちほどスピーチをさせていただきます（お祝いの歌を歌わせていただきます）」

両親は大勢の出席者とあいさつを交わしますから、長々した話は禁物です。

「僭越《せんえつ》」を使うべき人、使ってはいけない人

最近の結婚披露宴はさまざまな趣向を凝らしたものが多く、規模や会場、服装などもさまざまです。「定番」を嫌う若者気質を反映したものなのでしょう。

しかし、それでも外せない定番はあります。新郎新婦によるケーキ入刀、来賓・友人代表などの祝辞、乾杯……。これらは、いまもなお多くの披露宴の式次第に組み込まれています。

さて、披露宴でよく聞く言葉が「僭越」です。

「身分や権限を越えて、さしでがましいことをする」という意味のこの言葉、スピーチでは結構飛び交っていますね。

bad **「僭越ですが、ひとことお祝いの言葉を述べさせていただきます」**

「僭越ですが、ご指名ですので乾杯の発声をさせていただきます」こうした言い方が祝辞や乾杯の音頭の前の、枕詞のようになっています。自分はそんな大役を担うほどの人間ではありませんが……と謙遜する姿勢はいかにも日本人好みですが、「僭越ですが」はちょっと疑問です。

実は、辞書を見ると**正しくは「僭越ながら」と言うべき**だとあります。

「僭越ですが」も聞きなれてしまって違和感はないかもしれませんが、せっかくの晴れの席ですから、正しい敬語を定着させていきたいものです。

もちろん「僭越」は自分の行為をへりくだって言う場合に使うものです。ところが、使い方を間違っているケースも見受けられるのです。

「ご僭越ながら、新婦の上司であられる（いらっしゃいます）○○様からご祝辞を頂戴したいと存じます」

●スピーチ敬語

「僭越ながら」と同様に、結婚式などの大勢が集まる場でのスピーチで使える、言い回しを紹介します。

厚顔ながら

及ばずながら

恐縮ながら

出過ぎたことですが

はばかりながら

これは、祝辞に立つ来賓を紹介する司会者の言葉です。

完全に「僭越」の意味を取り違えています。**人を紹介する際の枕詞に「僭越」を使ってはいけません。**これではその人が祝辞を述べることが「さしでがましい」ということになってしまい、失礼千万です。

さらに、「ご僭越」と「ご」をつけるのも不適切です。

good

「本日はお祝いの電報を多数頂戴しております。僭越ながら、代読させていただきます」

司会者が「僭越」を使うのはこんな場面。宴を仕切る立場として、使いどころをしっかりわきまえておきましょう。

うっかり言ってしまいがちな〝禁句〟

おめでたい席では慎《つつし》まなければいけない表現があるのは誰でも知っています。当日は「これとこれは禁句だな」と言い聞かせて披露宴に臨む人もいるでしょう。しかし、注意しなければならないのは、そうした言葉だけではありません。

披露宴では知っている人と久しぶりに顔を合わせるということが多いものです。そこで、こんなあいさつをしてしまってはいませんか？

bad

「ご無沙汰しています。こんなときでもないと、なかなかお会いできなくて……」

両家関係者に「こんなとき」という言い方はどう響くでしょうか。喜びいっぱいの気持ちに水をさされた思いにならないでしょうか。他意や悪意はなくてもこの表現は禁句。人生の晴れ舞台では、うっかりは許されません。

good

「ご無沙汰しています。このような華やかな席でお会いできてうれしく思います」

「お久しぶりです。このようなお慶びの日にお顔を拝見できて～」

などの言い方をすべきです。何気ない言葉にこそ、注意を払いましょう。

訃報への対応で敬語は試される

訃《ふ》報《ほう》がもたらされたとき、どんな対応をしているでしょうか。気持ちが動転していることもあって、きちんとした受けこたえになっていないということはありませんか？

bad **「えっ、本当ですか？　それはとんだことで……びっくりしました」**

まさにシドロモドロです。しかし、先方は悲しみの中で気持ちを張ってすべきことをしているのです。失礼のない対応をしなければいけません。

good **「心からお悔やみ申し上げます。わざわざお知らせいただきまして、恐れ入ります」**

突然の知らせに驚いても、深呼吸でもして、静かな声で落ち着いて対応しましょう。

「恐れ入ります」の部分を「ありがとうございます」と言ってしまいがちですが、もちろん、この状況では使えません。訃報とともに葬儀の日程を知らせてくれたら、

「ご葬儀には必ず伺わせていただきます」

というフレーズをつけ加えます。言うまでもないことですが、死因や臨終の様子を聞くのはご法度《はっと》です。

お悔やみでは避けたい表現

葬儀に参列してお悔やみの言葉を述べる際、気落ちした遺族にねぎらいの言葉をかけたいと思うのが人情です。とりわけ、故人が長く病床に伏していたとか、介護を受けていたとかという、その間の事情を知っているケースではなおさらでしょう。

「長い間の介護、お疲れでしたでしょう」

「看病のお疲れはありませんか?」

相手をねぎらう敬語としては文句のつけようがありません。しかし、故人を失ったばかりの遺族にとっては、ねぎらわれることでかえって、介護や看病の日々が思い出され、「もっと心を込めて介護してあげればよかった」、「十分に看病してあげただろうか」などと、どこかで自分を責める気持ちになるとは思いませんか?

お悔やみの場では介護や看護に直接触れる言い方は控えるのが、遺族への配慮です。

good

「ずっとご回復を願っておりましたのに、残念でなりません」

長い闘病生活の末に亡くなったことを悼《いた》む気持ちはこんな言い方で伝えましょう。

●弔事の際に避けたい表現

訃報を受けたとき	✖ お知らせありがとうございます 訃報に際してはそぐわない表現。「ご連絡いただき恐れ入ります」「突然のことで言葉も見つかりません」といった言葉が適切。
身内の不幸を知らせる	✖ 祖父が逝去しました 「逝去」は、尊敬の意味をもつ表現。 「亡くなりました」「他界／死去いたしました」などの言葉に言いかえる。

「大往生」はお悔やみには使えない

大切な人を失った遺族にかける言葉は、こまやかに神経を使って選ばなければいけません。精一杯哀悼《あいとう》の意を込めたつもりが、遺族の気持ちをさらに沈ませてしまうこともあるからです。

人の死に軽重はないものの、まだまだこれからが働き盛りという年代の死と平均寿命を超えてからの死とでは、やはり感覚的に違うもの。「大往生」、「天寿」という表現があるように、後者にはみごとに生涯を生ききったという感慨もともないます。

では、高齢者の葬儀で、こんな言い方はふさわしいでしょうか。

bad

「大往生でございましたね」

「天寿をまっとうされて……」

お悔やみの言葉に添えて口にしそうですが、これは失礼になります。**「大往生」も「天寿」も、弔意を表す側が使ってはいけません。**遺族側が「（悲しみはありますが）大往生でしたから……」、「天寿まっとうの死でございました」などのように使う言葉です。誤解されていることが多いようなので、ぜひ押さえておきたいポイントです。

後日、弔問するときの敬語

不幸は前触れもなく訪れます。お世話になった人や親しくしていた人が亡くなった場合でも、出張中だったり、時間の都合がつかなかったりして、どうしても葬儀に参列できないことがあります。そんなケースでは後日、弔問に伺うようにします。

ただし、**葬儀を出した家庭ではしばらくの間、雑事に追われるもの。あくまで相手の都合を優先させて伺う日時を決めましょう。**

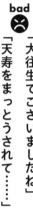

「お悔やみに伺いたいのですが、ご都合はいかがですか？」

敬語は正しく使っていますが、言葉が足りないという印象は拭えません。

good

「時間の都合がつかず、お悔やみが遅れまして申し訳ありません。お参りさせていただきたいのですが、ご都合はいかがでしょうか？」

「ご葬儀に伺うべきところを大変失礼いたしました。お悔やみに伺いたいと存じますが、ご都合をお聞かせいただけますか？」

good

こんな言い方なら申し分ありません。

法要の席で許される意外なひとこと

告別式のあとに行われる初七日法要をはじめ、四十九日の忌明《きあ》け法要、一周期法要などには、親族のほかに故人と親しかった友人知人を招くことも少なくありません。

こうした席に招かれた場合は、まず発する言葉があります。

good

「本日はお招きいただきまして、ありがとうございます」

法要の席で「ありがとう」はいかにもそぐわないように思えますが、この場合の感

●葬式での NG ワード「忌《い》み言葉」

葬儀では、使ってはいけない NG ワード「忌み言葉」というものがあります。日常的には問題がなくても、葬儀で使うと「縁起が悪い」「不幸が続く」として使うのを避けるべき言葉のことです。

不吉とされる言葉

大変
消える
落ちる
浮かばれない

不幸が重なることを連想させる言葉

またまた
次々
返す返す
重ね重ね

不幸が続くことを連想させる言葉

再び
また
続いて
追って

生死にかかわる表現

死ぬ（→逝去○）
急死（→突然のこと）
生きていた（→お元気なころ）

謝の言葉は「招待」「案内」に対するもの。

そもそも法要は、故人の冥福を祈り、その霊を慰めるために営みます。悲しむ心も落ち着きを取り戻した遺族と一緒に故人の供養をするのが目的です。その席に招かれたことへの「ありがとう」です。ですから、招かれたことへの感謝の言葉に続くのは、

good

「ご一緒にご供養させていただきます」

といった言い回しが適切です。「お元気になられましたか？」など、遺族を気づかうひとことを添えましょう。

会話をやわらかくする「クッション言葉」

そのまま伝えてしまうときつい印象や不快感を与える恐れがあることを、やわらかく伝えるために前置きとして添える言葉を「クッション言葉」といいます。

ビジネスでは、相手に依頼したり、断ったりと伝えにくいことを伝える際に使うことで、失礼な印象を与えることを避けられます。よく使う言い回しを覚えておくとよいでしょう。

シーン別に役立つ「クッション言葉」

依頼するとき

恐れ入りますが
お忙しいところ恐縮ですが
お手数をおかけいたしますが
もし可能であれば

断るとき

身に余るお言葉ですが
残念ですが
せっかくのご厚意ですが
失礼とは存じますが

申し出や尋ねるとき

お差し支えなければ
もしよろしければ
ご迷惑でなければ
失礼ですが

謝罪するとき

お役に立てず申し訳ございませんが
大変残念でございますが
ご容赦ください
あいにくですが

本郷陽二（ほんごう・ようじ）

1946年東京生まれ。早稲田大学文学部仏文学科卒。出版社の新書編集部を経て、編集企画プロダクション「幸運社」を設立。ビジネスや歴史、日本語など幅広いジャンルの著作で活躍。
主な著書に、〝敬語ブーム〟となったベストセラー『頭がいい人の敬語の使い方』（日本文芸社）をはじめ、『沈黙がコワい人のための聞き上手のコツ』（朝日新聞出版）、『日本人の「9割が間違える」日本語』（PHP研究所）、『決定版　大人の語彙力　敬語トレーニング125』（日経BP）などがある。

STAFF
デザイン・DTP・イラスト　ササキサキコ
編集協力　田中祥乃（風土文化社）

頭《あたま》がいい人《ひと》の敬語《けいご》の使《つか》い方《かた》

2024年4月20日　第１刷発行

著　者　本郷陽二《ほんごうようじ》
発行者　吉田芳史
印刷所　株式会社光邦
製本所　株式会社光邦
発行所　株式会社日本文芸社
〒100-0003 東京都千代田区一ツ橋１－１－１
パレスサイドビル 8F
TEL.03-5224-6460（代表）

Printed in Japan 112240410-112240410 Ⓝ01 (050025)
ISBN978-4-537-22194-7

＊本書は弊社『頭がいい人の敬語の使い方』（2006 年刊行）、『絶対！恥をかかない敬語の使い方』（2008 年刊行）を元に加筆訂正し、図版を加え再編集したものです。